论促进高等教育发展的
税收优惠制度

郝琳琳　翟　帅／著

知识产权出版社
全国百佳图书出版单位

图书在版编目（CIP）数据

论促进高等教育发展的税收优惠制度/郝琳琳，翟帅著. —北京：知识产权出版社，2015.7

ISBN 978 - 7 - 5130 - 3676 - 4

Ⅰ.①论… Ⅱ.①郝… ②翟… Ⅲ.①高等教育—税收优惠—税收政策—中国 Ⅳ.①F812.422

中国版本图书馆 CIP 数据核字（2015）第 172029 号

内容提要

本书从我国高等教育一般理论和其发展中存在的问题为出发点，分析现行高等教育的财税法规，借鉴国外相关经验，从税法的角度构建和完善高等教育税收优惠制度体系。从取缔教育费，开征教育税，拓宽民办高等教育的税收优惠范围，改革个人所得税，给予受教育者税收优惠，完善教育捐赠税收优惠激励机制，清理校办企业的税收优惠等视角系统研究促进高等教育发展的税收优惠体系，以期推动高等教育事业在新的起点上科学、持续、健康地发展，加快我国从教育大国向教育强国迈进。

责任编辑：龚　卫　　　　　　　　　　责任校对：董志英

装帧设计：SUN 工作室 韩建文　　　　责任出版：刘译文

论促进高等教育发展的税收优惠制度

LUN CUJIN GAODENG JIAOYU FAZHAN DE SHUISHOU YOUHUI ZHIDU

郝琳琳　翟　帅　著

出版发行	知识产权出版社 有限责任公司	网　　　址	http://www.ipph.cn
社　　　址	北京市海淀区马甸南村 1 号（邮编：100088）	天猫旗舰店	http://zscqcbs.tmall.com
责编电话	010-82000860 转 8120	责编邮箱	gongwei@cnipr.com
发行电话	010-82000860 转 8101/8102	发行传真	010-82000893/82005070/82000270
印　　　刷	北京科信印刷有限公司	经　　　销	各大网上书店、新华书店及相关专业书店
开　　　本	787mm×1092mm　1/16	印　　　张	14
版　　　次	2015 年 8 月第 1 版	印　　　次	2015 年 8 月第 1 次印刷
字　　　数	227 千字	定　　　价	45.00 元

ISBN 978 -7 -5130 -3676 -4

前　言

　　教育是民族振兴、社会进步的基石，是提高国民素质和促进人的全面发展的根本途径。优先发展教育事业，尤其是高等教育，提升高等教育的现代化水平，对于我国实施科教兴国战略和人才强国战略，建设人力资源强国和富强文明和谐的社会主义现代化国家有决定性意义。

　　新中国成立以来特别是改革开放以来，我国高度重视高等教育的发展，发展了中国特色社会主义高等教育事业，建成了世界最大规模的高等教育体系，保障了亿万人民接受高等教育的权利。近三十年来，我国高等教育事业取得了极大的成就，高等教育财政资金投入大幅增长，办学条件显著改善，办学水平不断提高，高等教育进入大众化阶段。高等教育的快速发展极大地提高了全民族的文化素质，推进了科技创新和文化繁荣，为经济发展、社会进步和民生改善作出了不可替代的重大贡献。

　　21 世纪既是世界格局深刻变化，科技进步日新月异，人才竞争日趋激烈的世纪，也是中华民族伟大复兴的世纪。从现在起到 2020 年，是我国全面建设小康社会、加快推进社会主义现代化的关键时期。面对前所未有的机遇和挑战，我们必须清醒地认识到，我国的高等教育还不能适应国家经济社会发展和人民群众接受良好教育的要求，存在高等教育投入不足，高等教育发展的战略地位尚未完全落实；高等教育结构和布局不尽合理，城乡、区域教育发展不平衡；高等教育机制不灵活，高等学校办学活力不足；高等教育观念落后等问题。深化高等教育改革成为全社会的共同心声，高等教育问题历来是"两会"代表（委员）关注的焦点。

　　国运兴衰，系于教育。按照教育面向现代化、面向世界、面向未来的要求，必须始终坚持把教育摆在优先发展的位置，必须把发展好高等教育作为一个突破口。目前，包括我国在内的许多国家都没有专门的高等教育税收优惠制度，但都无一例外地在其税法中体现了对高等教育税收政策的扶持，高等教育领域的公共支出及其税收资源配置研究已成为公共经济学的一个重要组成部分。由于我国目前没有单独的高等教育税收体系，关于高等教育的税收综合机制还没有形成，以税收保障高等教育的作用亟待挖掘。本书试图从我国高等教育财税的一般理论和其发展中实际存在的问题为出发点和背景，详细地分析现有关于高等教育财税的法律法规，并以此为论据，合理借鉴国外一些相关经验，试图为我国高等教育发展滞后寻找解决的路径，并且努力从税法学的角度构建和完善高等教育税收优惠制度体系，以期推动高等教育事业在新的起点上科学、持续、健康地发展，从而加快我国由教育大国向教育强国迈进。

目　录

第一章

教育的基础理论

第一节

教育的内涵及其重要性

一、教育的含义和形式

教育，就概念而言，通常可以从广义和狭义两种不同的角度去定义。广义上的教育是泛指一切总结、传播和学习人类文明成果——各种知识、技能和社会生活经验等，以促进个体社会化和社会个性化的社会实践活动的集合。狭义上的教育是专指学校教育，亦称制度化教育，即教育提供者根据一定的社会要求和受教育者的发展规律，有目的、有计划、有组织地在预定区域内对受教育者的身心施加预先设定的影响，期望受教育者发生预期变化的实践活动。一般地，人们阐述教育大体是指狭义的教育。概念是反映事物本质属性的思维形式，而外延则是概念的反映和对象，我们通过理解教育的本质，可以科学地界定教育所覆盖的对象抑或指称的客体。因此，狭义的教育根据内容的特性之不同在外延上又可分为军事教育、宗教教育以及社会教育，而社会教育大体又包括学前教育、义务教育、高中阶段教育、职业教育、高等教育、继续教育、民族教育以及特殊教育等不同形式。此外，狭义的教育根据资金的来源不同大致可以分为公办教育和民办教育。结合我国的教育历史变迁和当今实践，以及《国家中长期教育改革和发展规划纲要（2010—2020 年）》的规定，目前，我国教育模式大致有如下类型❶。

---

❶ 以下关于教育形式的论述主要引自《国家中长期教育改革和发展规划纲要（2010—2020 年）》。

（一）学前教育

学前教育是由教育提供者利用各种方法、实物为开发学前儿童的智力，使他们更加聪明，有系统、有计划而且科学地对他们的大脑进行各种刺激，使大脑各部位的功能逐渐完善而进行的教育模式。学前教育对幼儿习惯养成、智力开发和身心健康具有重要意义。根据《国家中长期教育改革和发展规划纲要（2010—2020 年)》的规定，积极发展学前教育，建立政府主导、社会参与、公办民办并举的办园体制，积极发展公办幼儿园，大力扶持民办幼儿园，到 2020 年，全面普及学前一年教育，基本普及学前二年教育，有条件的地区普及学前三年教育。

（二）义务教育

义务教育是国家依法统一实施、所有适龄儿童少年必须接受的教育形式，包括小学教育和初中教育，它具有强制性、免费性和普及性，是教育工作的重中之重，必须采取必要措施，确保适龄儿童少年不因家庭经济困难、学习困难、就业困难等原因失学，努力消除辍学现象。均衡发展是义务教育的战略性任务，推进义务教育学校标准化建设，建立健全义务教育均衡发展保障机制，均衡配备教师、设备、图书、校舍等各项资源。加快缩小城乡和地区差距，建立一体化的义务教育发展机制，在财政拨款、学校建设以及教师配置等方面向经济落后地区倾斜。

（三）高中教育

高中是我国九年义务教育结束后更高一级的教育机构，我国的高中教育为非义务教育，学生就读须交纳必要学费与其他费用。高中阶段教育是学生个性形成、自主发展的关键时期，对提高国民素质和培养创新人才具有特殊意义。加快普及高中阶段教育，全面满足初中毕业生接受高中阶段教育的需求。

（四）职业教育

职业教育是对受教育者施以从事某种职业所必需的知识、技能的训练，因此职业教育亦称职业技术教育或实业教育。如对职工的就业前培训、对下岗职工的再就业培训等各种职业培训，以及各种职业高中、中专、技校等职业学校教育等都属于职业教育。发展职业教育是推动经济发展、促进就业、改善民生、解决"三农"问题的重要途径，是缓解劳动力供求结构矛盾的关键环节，必须摆在更加突出的位置。把职业教育纳入经济和产业发展规划，促使职业教育规模、专业设置与经济社会发展需求相适应。

（五）高等教育

高等教育是在完成中等教育的基础上进行的专业教育，是培养高级专门人才的社会活动。高等教育承担着培养高级专门人才、发展科学技术文化、促进现代化建设的重大任务。

（六）继续教育

继续教育是面向学校教育之后所有社会成员特别是所有成年社会成员的教育活动，是终身学习体系的重要组成部分。更新继续教育观念，需加大投入力度，以加强人力资源能力建设为核心，大力发展非学历教育，稳步发展学历继续教育，广泛开展城乡社区教育，加快各类学习型组织建设。

（七）民族教育

民族教育是少数民族教育的简称。是指对汉族以外的其他55个少数民族实施的教育，是整体教育的一个重要组成部分。民族教育对于推动少数民族和民族地区经济社会发展，促进各民族共同团结奋斗、繁荣发展具有重大意义，因此，应加快发展民族教育事业，全面贯彻党的民族政策，切实解决好少数民族地区教育事业面临的突出困难和问题。

（八）特殊教育

特殊教育是促进残疾人全面发展、帮助其更好地融入社会的基本途径，特殊教育对于提高残疾学生的综合素质，注重潜能开发和缺陷补偿，培养残疾学生积极面对人生的自尊、自信、自立的精神具有突出作用。各级政府要加快发展特殊教育，把特殊教育事业纳入当地经济社会发展规划。

《中华人民共和国宪法》（以下简称《宪法》）第19条中明确规定：国家举办各种学校，普及初等义务教育，发展中等教育、职业教育和高等教育，并且发展学前教育。国家鼓励集体经济组织和其他社会力量依照法律举办各种教育事业。在我国，以根本法的形式把发展教育作为保证我国社会主义现代化建设持续快速健康发展，迎接新世纪激烈竞争与挑战的一项基本战略。不可否认，当前不论是我国还是国外的学校教育，特别是公办学校教育，仍将是促进社会发展的支柱，仍然具有突出的战略地位。

二、发展教育的重要性

百年大计，教育为本。当今世界，科学技术是第一生产力，要大力发展科学技术，就得优先发展教育。教育在经济社会发展和民族振兴中具有先导性、基础性、战略性、全局性的地位。教育的作用可以从以下几个方面理解。

（一）教育能够促进个人理性全面的发展

教育活动是人类社会所特有的实践活动。在动物世界的进化中，也有老对幼的养育和训练行为，这些行为虽然达到了一定的智力水平，但仍属于动物的本能活动，代代相传，没有经验的积累和总结，更没有创新和发展。而人类则不同，不仅通过语言，而且通过文字，把经验积累起来，传递下去，这样才有了日后的文明和不断进步。教育在这中间扮演了举足轻重的角色。教育随着人类的产生而产生，也随着人类社会的发展而发展。因而人类发展需要教育，社会发展也需要教育，教育与人类同在，与社会共存。学习的目的是创造，马克思主义认为，一切社会活动都是由人来进行的，人是生产力中最活跃的因素。然而，不同时代的人，当他们作为自然人来到这个世界上的时候，并没有被放到与前人显著不同的起点上。只有通过教育，才能使他们成为在各个时代新的起点上继续前进的社会人，并且不断地超越前人。教育的对象是人，教育的功能就是要促进人的成长和发展。人有自然本质和社会本质两个方面，但人的主要特点是其社会性。教育的使命即是在人的社会性上给予更加充分的认可和创造，教育的功能就是为社会培养各种人才，使人在推进社会发展中发挥主力作用，从而创造出充满生机的社会，为人类理性全面的发展提供适当的平台。

（二）教育是国富民强的推动力

当今世界经济面临全球化和一体化，进入知识经济时代，知识日益成为各国竞争的关键，一个国家强大的根本就是经济与科技的强大，而科技经济的强大靠的就是人才。显而易见的，人才的挖掘靠的就是教育。到今天，教育的影响面正逐渐延伸，它与就业、民生，甚至未来经济社会发展都密切相关。没有扎实的教育基础，国家未来的一切都将是无本之木。一个真正强大的国家，其教育总是居于同时期的先进水平，西方发达国家教育先进所带来的科技优势和综合国力的强盛，表明了没有教育的兴旺就不可能有国家、民族的强大。工业革命后，英国称霸全球，名为"日不落帝国"，当时相对落后的德国大刀阔斧改革发展教育事业，迅速赶超英国；美国建国之初，国力远远落后于欧洲诸强，由于大力发展教育，国力也迅速超出欧洲诸强；日本在明治维新后，特别是战后加快发展教育，奠定了这个缺乏自然资源的国家成为世界第二经济大国的地位。由此可见，只有优先发展教育事业，提升人力资源开发水平，造就高素质的劳动者、高水平的专门人才和国际一流的科技创新人才，才能真正掌握持续发展的战略主动权，不断推进我国现代化建设进程，促进国家强大。

（三）教育可以维系社会的稳定

各个国家经济发展的数据表明了不同国家和地区间的收入差异主要来源于人力资本的差异。显然，人力资本的积累离不开持续的教育。如果某一社会的收入分配差距过大，这个社会则处于不稳定的状态。我国当前面临的最大社会问题就是贫富差距过大。教育不仅仅是人力资本积累的源泉和动力，也是缩小收入分配差距的重要手段。

（四）教育能够促使人类社会不断进步

教育的发展对于提高人类社会素质和加强各民族的凝聚力，均有极为重要的作用。不仅如此，全世界范围的教育相互借鉴、相互竞赛，促使人类社会相互融合，最终不断前进。由于教育观念和教育手段不断改进，其对促进人类社会进步的作用也显得越来越重要。

因此，教育是民族振兴、社会进步的基石，是提高国民素质和促进人类的全面发展的根本途径。优先发展教育事业、提高教育的现代化水平，对于我国实施科教兴国和人才强国战略，建设人力资源强国和富强文明和谐的社会主义现代化国家有决定性意义。

三、高等教育及其实际意义

如前分析，高等教育是在完成中等教育的基础上进行的专业教育，是培养高级专门人才的社会活动，其具体模式又可以分为全日制大学、独立学院和职业技术学院、高等专科学校。高等教育是对社会进行专业化分工、专业化协作的类型化教育，如果说基础教育和中等教育在于打基础，那么高等教育则是对人才的升华。培养专门人才、科学研究和服务社会是高等教育的三项职能。21 世纪人类社会进入信息化时代，更加加剧了人才的竞争，世界各国无不把高等教育看作培养人才与知识创新的突破点，在综合国力竞争中起着举足轻重的作用。回顾我国高等教育 60 多年的曲折发展，可以看到，我国的高等教育取得了举世瞩目的成就。1949 年新中国成立时，我国仅有普通高校 205 所，本专科在校生 11.65 万人；至 2008 年，全国高等学校在校人数规模已位居世界第一。❶ 高等教育实现了由相对封闭落后向全面开放先进的体系转变，由少数精英化教育向多数大众化教育转变，由高等教育弱国向高等教育大国转变，我国初步形成了适应国民经济建设和社会发展需要的多种层次、多种形式、学科门类基本齐全的社会主义高等教育体系。由人口大国逐步向人力资源大国转变，适应和符合了

---

❶ 石钧. 当前中国高等教育投入机制的分析与思考 [J]. 高教研究，2008（1）：26 – 28.

经济社会的发展要求，为国家的人才培养和科技创新打下坚实的基础。

教育，特别是高等教育已经成为经济和社会发展的动力源，成为各个国家综合实力的关键性标志。❶ 我们必须重视我国的高等教育在建设创新型国家、构建社会主义和谐社会、建设人力资源强国中的地位，在不影响其他教育模式发展的前提下，努力探索促进我国高等教育发展的有益措施。基于此，本书之后的探讨和分析都将主要立足于公办高等学校教育而展开，辅之以民办高等教育的现状进行评述。

第二节
促进教育发展的原则和手段

一、促进教育发展的原则

如前所述，包括高等教育在内的各级各类教育模式的重要性不言而喻，受教育权已被公认为是人类与生俱来的一项基本人权。受教育权在联合国于 1948 年 12 月 10 日通过的《世界人权宣言》和 1966 年发表的《经济、社会及文化权利国际公约》中获得了认可。根据教育事业在经济社会的基础性和全局性的战略地位，以及借鉴国外先进教育理念，在发展我国教育时必须以下列原则为指导，促进教育事业的可持续发展。

（一）优先原则

通过分析，可以明确的是教育在经济社会协调发展的进程中具有基础

---

❶ 李彬彬. 中美高等教育社会捐赠问题比较研究［J］. 长春金融高等专科学校学报，2010（4）：90 – 91.

性、先导性、全局性的地位和作用。教育的这种基础战略性地位和作用不是人为制造出来的，而是教育本身的特性所赋予的。在一个国家的经济发展和社会进步中，教育是一种潜在的生产力，它对国家的经济发展和社会进步最终起着决定性作用，这种趋势今天已经越来越明显。不同产业在国家中的经济地位是不可同日而语的，教育之所以是最重要的产业，是因为教育产业造就着其他一切产业最为基本的生产要素——劳动者的劳动能力，这是劳动力要素构成中的最活跃因素，是其他一切产业发展的前提和基础。教育是最基本最重要的人力资源开发渠道，它在综合国力各构成要素中起着关键的基础性作用。教育有助于大力开发人力资源，为经济建设和社会发展服务做好强有力的人才支持。所以，优先发展教育事业，提高教育的现代化水平，对于我国实施科教兴国战略和人才强国战略，建设人力资源强国和富强文明和谐的社会主义现代化国家有决定性意义。坚持和保障教育优先发展，把教育摆在优先发展的战略地位，严格落实政府提供教育公共服务的职责，做到经济社会发展规划优先安排。《中华人民共和国教育法》（以下简称《教育法》）第4条第1款、第2款规定，教育是社会主义现代化建设的基础，国家保障教育事业优先发展，全社会应当关心和支持教育事业的发展。在党的十八大报告中提出了加快推进以改善民生为重点的任务，并指出"教育是民族振兴和社会进步的基石。"这充分说明了教育的重要性。我国应该保证经济发展规划中优先安排教育发展，财政资金优先保障教育投入，公共资源优先满足教育和人力资源开发需要，充分调动全社会力量关心和支持教育，完善社会力量出资兴办教育的体制和政策，不断提高社会资源对教育的投入，为人们提供更加多样、更加公平、更高质量的教育机会。

（二）公益原则

公益，是公共利益的缩写，是指有关社会公众的福祉和利益。教育事业涉及人民群众的切身利益和社会发展的各个方面，历来被看做人们发展提高和缩小社会差距的重要手段。社会活动按照受益的主体不同，基本上可以分为公益性社会活动和私益性社会活动两种，这二者根本区别在于是否具有经济上的竞争性和排他性。教育在总体上作为一种惠及人类社会总体发展的事业，一般将其划归为前者。这里必须澄清一个重要问题，考察教育的公益性不应依据教育提供服务时是否收费或者免费。从经济学角度看，教育作为公共产品和准公共产品的结合，其公益性主要表现为较强的外部效应，即受教育者不但本人能够从教育中获取私人回报，而且也能够给受教育者之外的其他成员和社会带来收益，帮助社会形成共同的价值观念、道德准则和社会制度，促进社会文明、自由、民主、平等、稳定，促进国家统一，民族团结和社会进步。公益性作为教育内在具有的一种客观属性，是不以办学主体的意志为转移的，而且，随着社会生产力和人类自身的发展，教育的公益性可能是教育追求的最终目标。

坚持教育事业的公益性，对于保障人民享有接受良好教育的机会，促进教育公平，对保障社会公平、构建社会主义和谐社会具有重要意义。这一点在我国相关法律中有明确体现。《教育法》第 7 条规定，教育应当继承和弘扬中华民族优秀的历史文化传统，吸收人类文明发展的一切优秀成果。《教育法》第 8 条进一步规定，教育活动必须符合国家和社会公共利益。

（三）公平原则

教育公平是指人们接受教育的基本权利的平等，它是现代社会每个人发展所必需的对教育资源的平等享有权。教育公平是教育的灵魂，教育公平是教育产业发展的基础。教育作为一种公共资源，客观上要求进行公平分配，教育公平是社会公平价值在教育领域的延伸和体现，是教育现代化的基本价值，没有教育的公平就谈不上社会的公平。教育公平是最基本的社会公平，可以说，维护社会良性运转始于确保教育的公平。《教育法》第 9 条规定，中华人民共和国公民有受教育的权利和义务。公民不分民族、种族、性别、职业、财产状况、宗教信仰等，依法享有平等的受教育机会。教育公平是衡量社会文明进步的重要标尺，教育的公平不是也不可能是绝对的公平，而是教育机会的公平。一般来说，公平可分为形式公平与实质公平，形式公平是通过制定一个统一的客观标准来实现，实质公平则是制定的标准考虑到了不同个体情况的差异并将差异影响降至最低。公平社会的建立最终取决于实质公平的确立。反观教育，无论是公共支出中对教育部分的投入比例，还是教育支出中不同学校的不等投入，甚至不能达到形式上的公平。我国作为世界上最大的发展中国家之一，农村人口占我国总人口将近80%，我国农村教育需求大，影响也广泛，由于历史和现实的种种原因，我国农村教育公平一直是我国教育领域的重点和难点，在一定程度上农村教育公平问题是我国教育公平所有重要问题的集中体现。解决好农村教育的公平问题，对推进社会公平和建设和谐社会，对实现社会的稳定、健康、协调和可持续发展都具有重要战略性意义。因此，缩小城乡差别以及改善农民工子女的教育质量一直是教育改革的首项要义，尤其是作为国民教育起点的义务教育理当是公平保障的核心。教育公平的基本要求是保障公民依法享有教育的权利，关键是机会公平，重点是促进义务教育均衡发展和扶持弱势群体，根本措施是合理配置教育资源，向农村地区、偏远贫困地区和少数民族自治区倾斜，缩小地区教育差距。所以，为了保证教育机会的公平，《教育法》第10条特别强调，国家根据各少数民族的特点和需要，帮助各少数民族地区发展教育事业，国家扶持边远贫困地区发展教育事业，国家扶持和发展残疾人教育事业。

（四）科学原则

教育具有不同于传统产业的生产创造性，教育的产品主要是高层次的劳动者和科技成果两类。这在客观上必然要求教育培训者和教育提供者必须具有较高的素质和先进的设备、科学的管理模式。这种生产是专业性很强的生产，产品也是专业性很强的产品，是普通的工厂、企业所无法企及的，更是无法替代的。科学，即是要求在具体运作和发展教育事业的过程中要符合教育的发展规律，符合社会经济文化水平，并且具有前瞻性。《教育法》第11条明确规定，国家适应社会主义市场经济发展和社会进步的需要，推进教育改革，促进各级各类教育协调发展，建立和完善终身教育体系。国家支持、鼓励和组织教育科学研究，推广教育科学研究成果，促进教育质量提高。概括来说，为了满足人民日益增长的教育需求，要坚持教育科学发展，必须认真地做到"五个统筹"，即统筹城乡、区域教育；统筹各级各类教育；统筹教育的规模、结构、质量和效益；统筹教育的改革、发展和稳定；统筹教育发展与经济建设，推进教育持续健康发展。树立科学的教育质量观，制定教育质量国家标准，建立教育质量保障体系。21 世纪是世界格局深刻变化、科技进步日新月异、人才竞争日趋激烈的世纪。从现在起到 2020 年，是我国全面建设小康社会、加快推进社会主义现代化的关键时期，对劳动者素质也将提出越来越高的要求。与此同时，教育也必须在方式方法上作出相应的调整。

二、促进教育发展的手段

在理论层面明确和理解了促进教育发展的原则之后，我们势必要在具体的操作层面对促进教育的发展采取一些行之有效的措施。当前，众多发达国家均把发展包括高等教育的各级各类教育作为谋求社会经济持续发展的重要战略，其支持教育发展所采用的方式除财政直接给予拨款外，还纷纷制订各种税收优惠政策，完善财政、税收、金融和土地等方面的优惠政策，以实现筹集教育资金、鼓励教育投资等目的。1993 年中共中央、国务院颁布的《中国教育改革和发展纲要》（以下简称《纲要》）提出，要逐步建立以国家财政拨款为主，辅之以征收用于教育的税费、收取非义务教育阶段学杂费、校办产业收入、社会捐赠集资和设立教育基金等多种渠道筹措教育经费的体制。《教育法》第 53 条也规定，国家建立以财政拨款为主、其他多种渠道筹措教育经费为辅的体制，逐步增加对教育的投入，保证国家举办的学校教育经费的稳定来源。企业事业组织、社会团体及其他社会组织和个人依法举办的学校及其他教育机构，办学经费由举办者负责筹资，各级人民政府可以给予适当支持。此外，《教育法》第 58 条至第 65 条详细规定了国家对教育的税收优惠制度，即国家采取优惠措施，鼓励和扶持学校在不影响正常教育教学的前提下开展勤工俭学和社会服务，兴办校办产业；国家鼓励境内外组织和个人捐资助学，并且规定社会组织和个人对教育的捐赠，必须用于教育，不得挪用和克扣；国家鼓励运用金融、信贷手段，支持教育事业的发展；各级人民政府对教科书及教学用图书资料的出版发行，对教学仪器、设备的生产和供应，对用于学校教育教学和科学研究的图书资料、教学仪器、设备的进口，按照国家有关规定实行优先和优惠政策。教育作为"公共产品"与"准公共产品"的结合，世界各国在教育投入上已经分化为基本由财政资金直接支持的教育、财政拨款与多渠道筹资相结合的教育模式，为各类型的教育发展提供了充沛的资金保障。具体而言，这些措施根据其对教育事业产生的影响效果是否直接可以划分为直接性的财政支持手段和间接性的税收优惠手段。

（一）财政支持

教育事业发展滞后的根本原因在于教育资金投入不能满足教育需求的扩大。从根本上要解决教育事业发展问题需要从加大财政投入着手，相应地，世界各国都无不在积极调整财政收支结构，建立与公共财政体制相适应的教育财政制度。例如，美国近些年来93%左右的政府拨款都是从州和地方自治机构的预算中解决的，联邦政府只是对教育资金相对缺口较大的少数地区和城市，按照公正的原则，提供少量的财政补贴。❶《教育法》第54条规定，国家财政性教育经费支出占国民生产总值的比例应当随着国民经济的发展和财政收入的增长逐步提高，全国各级财政支出总额中教育经费所占比例应当随着国民经济的发展逐步提高。我国以法律的形式明确了增加教育资金投入的比例，确保教育事业持续发展。

（二）税收优惠

除直接给予教育资金拨款外，在财政经费有限的情形下，世界各国都鼓励对教育事业提供形式多样的税收优惠，拓宽教育经费筹集渠道，增加教育经费投入总量。税收领域的法治状况正深刻影响着国家政治生活乃至整个社会生活的法治进程。❷财政资金的支持是促进教育事业发展最主要、最根本的措施，但是财政资金支持具有刚性的特征，而且财政支持完全依赖于政府的行为，难以积极有效地调动起全社会的力量。税收优惠政策虽然只是促进教育事业发展的辅助措施，但易于长期激励教育的进一步发

---

❶ 王素霞. 美国教育经费的来源 ［J］. 外国中小学教育，2008（7）：61.
❷ 刘剑文. 税法专题研究 ［M］. 北京：北京大学出版社，2002：1.

展。长远看，虽然教育的税收优惠政策不是促进教育发展的根本方法，但是，在教育财政投入得不到较大提高以及教育财政投入结构水平不完善的情况下，通过促进教育发展的税收优惠制度，带动全社会投资教育事业的热情，能刺激教育的水平进一步提高和持续发展。

第二章

教育税收优惠制度的基础理论

一项制度存在的合理性是正确理解该制度的前提，挖掘隐藏在具体制度背后的理性因素就显得颇为重要。在法学领域，许多理论研究和制度设计都离不开一些较为基本的分析框架，它们与经济法主体及其行为密切相关，对于理解经济法理论和制度非常重要。❶ 因此，本章就教育税收优惠制度的基础理论和理性因素的分析将涉及经济学、教育学、法学等相关领域的知识，主要从以下几个维度展开。

第一节

经济学分析框架

以经济学的视角考察对教育施以税收优惠，主要是基于教育的公共产品特性和教育产业化而展开的。

一、以公共产品为视角

公共产品是指任何集团或社团因为任何原因决定通过集体组织提供的商品或服务。❷ 根据公共经济学理论，社会产品可分为公共产品和私人产品。按照萨缪尔森在《公共支出的纯理论》中的论述，纯粹的公共产品或劳务是这样的产品或劳务，即每个人消费这种物品或劳务不会导致别人对该种产品或劳务消费的减少。而且公共产品或劳务具有与私人产品或劳务显著不同的三个特征：效用的不可分割性、消费的非竞争性和受益的非排他性。而凡是可以由个别消费者所占有和享用，具有敌对性、排他性和可

---

❶ 张守文. 经济法学 [M]. 北京：中国人民大学出版社，2008：32.
❷ 布坎南. 民主财政论 [M]. 穆怀朋，译. 北京：商务印书馆，1993：20.

分性的产品就是私人产品。介于二者之间的产品称为准公共产品。

教育作为一种特殊的生产活动，其生产的是特殊的产品，这些产品在社会和个人的发展中都无疑是决定性的，这为教育的公益性奠定了坚实的基础。无论是受教育者本人还是社会，接受或提供教育的主要目的是提高个人收入和社会地位，但不排除在这一过程中带动社会经济更快增长和促进社会发展更加和谐的效果。对于社会而言，增加教育消费的边际成本是零，并且也无法排除其他成员享受这种利益。毋庸置疑，教育应该属于公共产品。"一国的教育设施及宗教设施，分明是对社会有利益的，其费用由社会的一般收入来开支并无不当。"在经济日益社会化，国家广泛参与和调控经济的情况下，教育事业越来越多地具有经济意义，教育事业的投入不单单由政府出资，社会资金也逐步开始投入教育事业的发展，出现了市场参与的动因。所以，结合公共产品、准公共产品和私人产品的划分，我们可以看到"公共性"在各种教育模式下的层次差异性：义务教育具有消费上的非竞争性和受益的非排他性，是"公共性"很强的公共产品。《世界人权宣言》也明确写到："人人都有受教育的权利。教育应当免费，至少在初级和基本阶段应如此。"义务教育阶段以上的教育，尤其是高等教育，具有消费的竞争性，受益具有一定的排他性，因此，更具有私人产品的属性，应该由私人负担一部分费用，但这些层次的教育可使受教育者和社会受益，与完全的私人产品不同，是一种更接近私人产品的准公共产品。对于高等院校、文化艺术团体介于市场性和公共性之间的单位，财政不再全额承担其费用，差额部分由其通过其他渠道自行解决。❶但总的来说，教育至少是具有准公共性的产品，而不论该教育的层次、模式和出资方。

二、以教育产业为视角

正确认识和理解包括高等教育在内的教育的产业属性是制定相关财政

---

❶ 刘剑文，熊伟. 财政税收法 [M]. 北京：法律出版社，2009：9.

税收政策的理论前提和重要依据。从社会活动的经济性质来讲，教育可以说是一种不折不扣的社会经济活动，但是这种社会经济活动的宗旨在于提高人类在科学文化、思维方式等智力方面的知识水平，即教育是通过提供智力服务来满足社会对于各种各样人才的需求。社会在资源的配置中有两种基本的方式：计划制度和市场导向，而政府主导的计划式的资源配置不可避免地造成了资源的不合理分配与浪费。长期以来，在计划经济体制的传统经济社会思想的影响下，全社会都忽视了教育的产业属性。普遍地认为教育是社会公共产品，是单纯的社会性福利性事业。教育首先全部由政府"收购"，然后再无偿分配给存在需求的公民和单位享用，所需费用也全部由政府财政承担，教育的产业性因而被隐蔽了。这样虽然体现了教育公平的理念，但是对政府来说都是不堪重负的，即使西方发达国家亦是如此。计划模式的结果是教育不讲效益，造成办学效益低下，极大地损害教育事业的发展。现阶段，我国正在全力以赴地实行社会主义市场经济，全社会都要求政府不断地转变职能，尤其是政府的经济职能。人们主张社会资源主要通过市场而非政府来配置和调节，教育的产业性特征就在这种背景下凸现出来了。教育产业化，尤其是高等教育产业化就是要求教育资源的配置中体现出现实的需要，教育通过支付一定对价之后，由教育提供者提供智力增值服务来满足社会对于知识的需求。《服务贸易总协定》第13条规定，除了由各国政府彻底资助的教育活动之外，凡收取学费，带有商业性质的教学活动均属教育贸易服务范畴。[1] 由此可见，世界贸易组织是将教育作为一种重要的服务贸易来界定和运作的。

我国现阶段的主要矛盾是"人民日益增长的物质文化需要同落后的社会生产之间的矛盾"。教育产业化可以最大限度地满足人民群众日益增长的对教育的需求。理论和实践都要求我们把教育的产业属性实事求是地确定下来，要求我们深刻认识教育的产业特性，这对于我们实施科教兴国战略，促进教育发展和技术创新，提高整个中华民族的科学文化素质具有十分重要的意义。而且从根本上说，经济和社会的发展都离不开教育这个基础，教育是现代化大生产的奠基工程和灵魂。教育事业已成为整个经济发

---

[1] 付伯颖，苑新丽. 外国税制［M］. 大连：东北财经大学出版社，2007.

展的全局性基础，它几乎与经济运行和发展息息相关，可以说是"牵一发而动全身"。教育不再只是产业链条的一个先期环节，而是事关各产业链顺利发展的基石。教育已经不再是单方面地影响，而是全方位辐射型地制约着经济的发展。关于教育的产业化定位问题早在 1992 年 6 月《中共中央、国务院关于加快发展第三产业的决定》中就明确地把教育事业作为加快发展第三产业的重点，并指出，教育是"对国民经济发展具有全局性、先导性影响的基础行业"。高等教育产业化将促使高校在市场价值的推动下，不断提高自身的发展规模和水平，实现结构调整和制度创新，解决高等教育所存在的问题。高等教育在经济规模总量上日益成为国民经济的重要组成部分，而由高等教育所带动的相关产业的发展又将会对国民经济起到重大作用。高等教育产业化将会使其产业属性更加明确，对国民经济的发展起到越来越重要的作用。

既然教育作为一种产业，那么教育事业可否营利？针对这一理论争议，学界有两种不同的观点。一是教育产业化论。该种理论认为在我国目前的市场经济大潮下，如果教育完全远离市场，不考虑市场经济条件下教育成果性质的变化，不考虑教育的商品属性是不切实际的。商品经济和市场经济所具有的最基本、最重要的价值规律，对教育事业毫不例外的适用。所以，教育事业有必要完全纳入市场经济体制下的轨道，不仅把教育看成事业，更要把教育办成产业，各级各类的学校按照企业的模式进行经营，并根据市场规律与社会整体交换，从而实现教育劳动的价值，并合理取得维持学校运转和再发展的资金。要更大限度地推动教育产业的发展就应当允许其以营利或者以获得合理回报为前提，否则将难以刺激该产业的发展。只要有利可图，投资者就会有积极性，那么吸引民间资本的步伐也将加快，从而有力地促进教育事业的发展。因此，在持有教育产业化论观点的学者中，大家认为举办教育是可以营利的。二是教育非产业化论。该种理论认为教育产业化论关于教育发展的思路并不完全符合教育活动的规律和特点，由于教育是公益性事业，不得有丝毫的利益追求，不能染指商业性，更不能用以牟利。该理论认为教育产业化论的根本背景是教育经费不足，通过教育产业化和教育市场化，目的是为了谋取教育资金，使得教育事业在出发点上就失败，出发点就存在错误的活动不可能发展成功。因此，持教育非产业化论的学者坚持教育不应该营利。教育事业对人类社会的物质文明、精神文明以及政治文明有巨大的作用。我们不能否定教育的公益性，但是在我们承认教育的公益性的同时，必须承认和直面教育的商品属性。教育活动中蕴含社会劳动，具有价值和交换价值，而这是商品的基本属性，教育也可以在一定程度上视为商品来进行消费。承认教育的商品性，并不意味着将改变教育事业的崇高属性，也并不意味着我们一定要从受教育者身上获取高额利润。教育供给的是公共产品和准公共产品，教育具有公益性，不能全面进入市场完全变成一种商品。事实上，市场经济条件下也没有任何一个国家把教育真正推向市场，教育仍然是政府的一项基本职责。近年来，我国教育事业已日益呈现出投资主体多元化，经费来源多样化的特点，多元的投资必然涉及多元化的目的，有些投资完全是公益化的，不要求任何经济利益的回报；有些投资半公益化，为了获得部分投资收益。如果我们仅仅局限于社会主义国家教育的"公益性"而刻意地掩盖教育在事实上所具有的商品性，对于民办教育是极大损害；相反，在法律上给予这些要取得合理回报的民办教育事业以合法地位，不仅可以再次激发民间资本的投资热情，政府也可以全面地进行监管。我们应该把教育的"产业化"理解为在遵循教育规律和教育法规并把教育作为一项促进社会进步的公益性事业的前提下，将其作为一种产业来经营，引进产业的经营机制，进行产业化管理，那么，可以在现行的大环境下突破教育财政性经费不足、教育发展动力不足等瓶颈，寻找教育发展的新渠道。

第二节

教育学的分析框架

《国家中长期教育改革和发展规划纲要（2010—2020 年）》明确了教

育分类制改革，根据办学宗旨、管理模式、收入分配、活动领域等方面的差别，将提供教育的学校分为公办学校、非营利性民办学校和营利性民办学校，对不同的学校给予不同待遇，但需要遵循实质公平的原则。其具体构想是：对于提供"公共产品"的教育模式，即当前的义务教育、民族教育、特殊教育、今后的高中阶段的教育以及接受委托提供"公共产品"教育的民办机构要给予全额的财政资金扶持，全面纳入财政保障范围。对提供"准公共产品"的教育模式，也就是学前教育、当前的高中阶段教育、职业教育、高等教育和继续教育，尤其是以民办形式存在的"准公共产品"的教育模式，在对其提供一定财政资金的基础上主要以税收优惠促进其健康发展，实施以政府主导为主、受教育者合理分担培养成本的投入机制。❶ 也是深化国家建立以财政拨款为主、其他多种渠道筹措教育经费为辅的体制，为教育事业的发展开辟新的动力源泉。

第三节

法学分析框架

一、以税法为研究视角

随着国家对社会关系的调整日趋精细化和专业化，国家不再将税收仅仅视为取得财政收入的途径，更青睐税收引导社会的功效。税收优惠，是

---

❶ 甘国华. 高等教育成本分担研究——基于准公共产品理论分析框架［M］. 上海：上海财经大学出版社，2007.

指国家基于一定时期的政治、经济和社会目标，在税收方面采取的激励和照顾措施，免除纳税人应缴的全部或部分税款，或者按照其缴纳税款的一定比例给予返还等，从而减轻其税收负担。国家通过税收优惠政策可以扶持某些特殊地区、产业、企业和产品的发展，促进产业结构的调整和社会经济的协调发展。由于我国教育发展存在地区不平衡、城乡不平衡、公办与民办学校之间不平衡等现实问题，国家必须采取一定措施消除这些不利因素。然而，由于财政支出的惯性以及教育投入的回报时间长，在目前将教育财政资金大幅度提高存在一定困难。因此，必须在教育财政资金之外寻求解决方案，而税收优惠制度因覆盖面广、持续时间长的特征得以进入人们的视野。

二、以税收政策为视角

政策是国家或政党为实现一定历史时期的任务和执行其路线而制定的活动准则和行为规范。[1] 我国《民法通则》第 6 条也确认了民事活动必须遵守法律，法律没有规定的，应当遵守国家政策。我国对于包括教育在内的众多行业实施了众多税收优惠政策，其根本原因在于公民在社会生活的某一方面的需求极大地发展。法律在保护权利方面虽然具有稳定性和权威性，但是出于法律具有的严格立法程式，出台速度极慢，加之法律存在规范的滞后性，相对而言，政策不具有严格的制定程序，比较容易颁布，而且可以根据现实的情况灵活修正，不合理不适当之处可以及时调整。正是在税收这个领域，政府政策专断的趋势，要比其他领域更为凸现。[2] 于是，在面临着经济发展突飞猛进的当今社会，政策受到政府的偏爱也就容易理解了。

在税法领域，关于教育税收优惠制度基本的存在形式均是以部门规章的形式存在的。例如，国家税务总局、中国人民银行和教育部颁布的《教育储蓄存款利息所得免征个人所得税实施办法》，财政部、国家税务总局

---

[1] 沈宗灵. 法理学［M］. 北京：北京大学出版社，1999：364.

[2] 哈耶克. 自由秩序原理［M］. 邓正来，译. 北京：生活·读书·新知三联书店，1997：72.

出台的《关于纳税人向农村义务教育捐赠有关所得税政策的通知》和《财政部国家税务总局关于教育税收政策的通知》等。税法和税收政策都是调整社会关系的工具，行政部门为了见机行事，方便应对现实问题而大量制定税收政策，以至于税收政策多如牛毛而税收法律却寥寥无几。

第三章

我国高等教育发展与改革

我国高等教育发展的现状及问题

一、我国高等教育事业取得的成就

一个国家的国民素质是决定这个国家兴衰的关键，我们也只有通过大力普及全民教育，尤其是高等教育，大幅提高我国国民的自身素质以及科学技术素质来发展经济，才有可能进一步成为影响世界的大国。2008 年，我国高等教育毛入学率已经提高到了 23%，全国普通高校在校生人数达1800 万，规模居世界第一。❶ 教育部《2009 年全国教育事业发展统计公报》指出，2009 年全国各类高等教育毛入学率达到 24.2%。至 2012 年，高等教育毛入学率已达 30%。按照美国学者马丁·特罗提出的划分标准：高等教育毛入学率 15% 以下的为精英教育阶段，15% ~ 50% 为高等教育大众化阶段，50% 以上为高等教育普及阶段。1998 年我国高等教育毛入学率仅为 9%，基本上处于精英教育阶段，而现今的数据足以表明我国的高等教育已经进入大众化教育阶段。另外，民间资本也大规模涌向教育领域，为我国民办高等教育事业的发展作出了突出贡献。据我国《十一五经济社会发展成就统计报告》显示，2010 年全国民办高校总数达到 676 所（含独立学院 323 所），民办普通本专科在校生 466.5 万人。目前，我国已建立起世界上最大规模的高等模式教育体系，向人力资源大国又迈进一步。

---

❶ ［EB/OL］.［2014 - 10 - 10］. http：//news. sohu. com/20090310/n262701334. shtml.

归纳起来，我国的教育事业取得的成绩可以从以下几个不同的角度进行阐述。

（一）财政性教育经费支出不断增长，高等教育事业蓬勃发展

提取和再分配公共资源的政府部门实质上影响我们权利的价值、范围以及可行性。[1] 自 1998 年起，我国财政支出中教育经费所占比例每年都在不断增加，2012 年以后财政性教育经费占 GDP 比例维持在 4% 的水平。另外，财政教育拨款有所增长且高于财政经常性收入的增长；生均教育经费有所增长；教师工资和生均公用经费有所增长。教育经费保障机制逐步完善，基本满足了教育发展需要。巨大的教育资金的投入，保证了教育事业发展的后续动力。国家不断落实和完善国家助学制度，保障无论哪个教育阶段，都要确保每个孩子不因家庭经济困难而失学。另外，我国积极实行办学主体和投资主体多元化，大力发展各级各类民办学校，政府对其他主体开办教育适当给予补助，鼓励企业和公司以及个人进行捐赠，扩大教育经费的来源渠道，而这些经费的主要部分都流入了高等教育领域，都推动了高等教育事业的蓬勃发展。

（二）各类高等教育不断加强，高等教育体系日趋完善

据统计，2012 年，各种形式的高等教育在校生总规模达到 3146 万人，比 2005 年增加 846 万人，增长 37%。其中，普通本专科在校生规模为 2391 万人；研究生在学人数为 172 万人；成人本专科在校生为 583 万人。[2] 2012 年，我国高等教育毛入学率达 30%，比 2005 年提高 9 个百分点。[3] 我国高等教育以公办为主、民办为辅的体系逐渐形成，并且结构合理，极大地满足了人民群众对高等教育的需求。

---

[1] 史蒂芬·霍尔姆斯. 权利的成本——为什么自由依赖于税 [M]. 毕竞悦，译，北京大学出版社，2011：15.

[2] [EB/OL]. [2014 – 10 – 10]. http：//data. stats. gov. cn/workspace/index？m = hgnd.

[3] 刘广明. 2012 年中国高等教育运行的基本数据解读 [EB/OL]. [2014 – 10 – 10]. http：//www. 360doc. com/content/13/0917/21/872587_ 315249139. shtml.

（三）高等教育硬件水平不断提高，教育信息化技术日趋先进

教育财政资金的投入带来了各级各类学校校舍的建设，教育设施的不断改善，以及教育信息化的发展呈现明显加快的态势。通过网络的远程教育正在蓬勃发展，多媒体教学的大力应用，都反映着我国教育技术正在疾步追赶发达国家教育信息化的浪潮。

教育不仅可以改变一个人的命运、一个家庭的状况，更决定一个民族的兴衰、一个国家的前途。我国政府历来重视教育的发展规划，《国家中长期教育改革和发展规划纲要（2010—2020年）》将教育发展、人才培养置于战略性地位。从现在起到2020年前的重要战略机遇期，对我国教育发展而言，也蕴涵着难得的机遇。按照我国政府的规划，预计在这一阶段，我国高等职业教育培训将面向就业和市场需求，办出特色，为可持续发展提供一定的资金保证；进一步提高高等教育质量，改进发展途径和人才培养模式；因地制宜地推进学习型社会建设，有条件的地区可在推进教育信息化和现代化方面走得更快一些。

二、当前我国高等教育经费的来源

教育是一项需要巨大资金投入的事业，教育经费的投入直接影响我国教育规模的扩大和教育质量的提升。我国规模巨大的高等教育事业必定需要充足的资金投入作为支撑。没有足够的资金，办人民满意的教育只能是纸上谈兵。

纵观我国高等教育发展的历程，在高等教育资金投入上大致经历了两个阶段。第一个阶段是从中华人民共和国成立以后至改革开放的这段时间，我国高等教育经费的绝大部分来自国家财政拨款，高等教育经费来源渠道单一，数量有限，分配不够合理，高等教育发展十分缓慢。第二个阶段是改革开放至今，中国高等教育资源的有限性使得政府出资举办的公办教育不可能充分满足人民日益增长的教育需求，在这样的条件下我们政府不断寻求新的筹集高等教育资金的渠道。概括来说，我国高等教育经费的总量不断扩大，高等教育经费的来源日趋多元化。根据教育部、国家统计局和财政部近些年来发布的全国教育经费执行情况统计公告，可以看出2005年我国投入到教育领域的教育经费总量8419亿元，这一数据到了2011年上升到2.39万亿元，教育经费总量规模在6年之内增加了近2倍。❶ 这其中高等学校教育经费也随之有了大幅度提升，由2005年的2658万元增加到2011年的7021万元。❷

我国已经由主要依赖国家财政资金投入的经费来源渠道，发展成高等教育经费来源渠道多元化的局面。总体上，高等教育经费的筹集大致有以下几个渠道。❸

（一）财政拨款

财政拨款仍然是高等教育发展的基石，我国的财政预算内教育拨款方式是教育事业发展的最强有力的保障。高等教育的财政拨款由中央、地方各级财政或上级主管部门在本年度内安排，并划拨到教育部门及高等教育事业单位。从1996—2012年高等教育经费占中央财政支出比例已经连续增加，高等教育财政性拨款牢牢占据教育经费投入总量的半壁江山。

（二）教育附加费的收取

教育附加费主要是指各级政府征收用于教育的税费，主要包括城市教育费附加、农村教育费附加以及地方教育附加费。教育附加费统筹分配，为教育积累了大量资金，其中高等教育的分配比例也有所上升。

（三）学杂费收入

根据教育成本分担理论，对只具有"部分公共性"的高等教育国家不再完全免费，而是由提供者和接受者合理分担高等教育成本。正如美国教

---

❶ [EB/OL]. [2014 - 10 - 10]. http://data.stats.gov.cn/workspace/index? a = q&type = global&dbcode = hgnd&m = hgnd&dimension = zb&code = A0M0Y0101&region = 000000&time = 2013，2013.

❷ [EB/OL]. [2014 - 10 - 10]. http://data.stats.gov.cn/workspace/index? a = q&type = global&dbcode = hgnd&m = hgnd&dimension = zb&code = A0M0Y0101&region = 000000&time = 2013，2013.

❸ 李文利. 中国高等教育经费来源多元化分析 [J]. 北大教育经济研究，2004（9）：23.

育行政专家罗森庭格所言:"学校经费如同教育活动的脊椎。"❶ 2008 年 9 月 1 日,我国在全国范围内全面免除城市义务教育阶段学生学杂费,而农村义务教育阶段学生学杂费此前已经免除,这意味着我国已经实现城乡义务教育全部免除学杂费。现阶段我国政府给予职业教育、特殊教育、民族教育等大力的财政支持,而学费的收取主要针对高等教育。作为非义务教育产品的接受者,按照市场等价交换的原则,需要对教育产品的提供者进行付费,即付学费,这也是教育经费来源的一个重要的组成部分。我国的高等教育在发展历程中经历了最初试行公费制,后转向公费自费并存的"双轨制",自 1997 年开始,全国范围内高等学校开始全面实行收费制度。目前,我国高校学生每年要支付大约 8000 元的学费。

（四）高校的创收和校办企业收益

这里主要是指高校的校办产业、勤工俭学和社会服务收入中用于教育的经费。这一部分收入在职业教育和高等教育中表现突出,占有一定的份额。在高等教育的科研、教学、创新、服务这四大职能中,科研与教学是最为根本的职能。创新与服务是社会发展的产物,高校利用自身在人才、设备、科技、环境等方面的优势承担政府以及社会机构发起的科研项目或提供决策咨询服务从而获得经费支持。通过申请科研专利,高校也可以获得一部分科研经费。高校应加强科技创新来研发满足市场需要的新产品、新设备、新工艺等,由对其感兴趣的企业出资将科研成果转化,这不仅增加了高校的科研经费,更创造了社会效益,充分体现了高等教育的服务职能。积极推动以高校科研力量为依托的科技型校办企业和企业集团发展,要走出一条"以商养学,以学促商"的路子。

（五）社会捐资助学

近年来,随着经济的发展,一些具有社会责任意识的企业和个人开始向教育等社会公益性事业进行捐助;加之,高校校友会的突飞猛进,高校

---

❶　优化高校经费管理机制的探讨 [EB/OL]. http://www.cee.edu.cn/show_news.jsp? id = 4039. 2010.

也有意识地主动申请捐助。教育部、国家统计局、财政部《关于 2008 年全国教育经费执行情况统计公告》显示，2008 年社会捐赠经费总额为 102.67 亿元。这也是我国高等教育取得收入的一个重要的渠道。

（六）银行贷款

为应对扩招后带来的校舍扩建、仪器增补等问题。各高校纷纷新建校区，这样一笔巨大的开支，仅靠财政拨款和学费收入显然难以维持。银行贷款便成为另一种财务解决方案，中国社会科学院发布的《2006 年：中国社会形势分析与预测》社会蓝皮书称，2005 年我国高校银行贷款总量约在 1500 亿至 2000 亿元之间，有的高校贷款已高达 10 亿元至 20 亿元，几乎每一个高校都有自己的贷款。

以上分析表明，近几年我国教育财政性投入供给正在形成一个以政府投入为主，多渠道融资的格局正在形成，这一变化极大地满足了社会对教育多方位增长的需求，推动了高等教育大众化的实现。

三、我国高等教育发展存在的问题

经过长期努力，特别是实施科教兴国战略以来的加快改革和发展，我国高等教育事业取得了较大的成就。目前，我国的高等教育规模稳居世界第一。长期以来，我国用世界上很低水平的教育投入支撑着世界上最大规模的受教育人数，可以说已经是一个奇迹了。尽管成就巨大，但是我们也要清醒地认识到，我国目前的高等教育发展仍不能满足广大人民群众对于良好教育的强烈需求，高等教育系统内外之间资源缺乏共享，矛盾还是比较突出的。由于财政预算内教育经费投入水平长期偏低，特别是教育财政保障体制建设滞后于经济体制、所有制形式、分配制度、财政体制等多方面的深刻变化，因而，城乡、区域、各级各类教育之间发展不平衡问题比较突出，不少高校办学条件较差，教育教学质量水平不高。教育事业整体得到发展的同时，我们应看到出现的新问题。我国高等教育发展的问题集中表现在以下几个方面。

(一) 教育资金总体投入不足

我国高等教育发展水平与许多国家特别是发达国家相比仍然处于落后地位。改革开放三十多年来，尽管我国财政性教育经费确在逐年较快增长，占 GDP 比例从 1996 年的 2.5% 一度提升到 2002 年的 3.32%。❶《2012年全国教育经费执行情况统计报告》显示，2012 年国家财政性教育经费为 22236.23 亿元，占 GDP 比例为 4.28%，比上年的 3.93% 增加了 0.35 个百分点。如期实现了教育规划纲要提出的 4% 目标，成为中国教育发展史上重要的里程碑，但仍低于同期世界平均水平，而美国、日本、韩国、印度的这一比例是 4.7% ~ 7.4%。❷ 这在一定程度表明，财政投入不足不利于促进教育公平。生均教育投入与发达国家相比差距更大，以人均 GDP 来比较，中国人均公共教育支出仅为人均 GDP 收入的 0.82%。美国为 6.10%，是中国的 7.44 倍；日本为 4.28%；韩国为 3.01%；俄罗斯为 1.87%，是中国的 2.28 倍；巴西为 2.29%，是中国的 2.79 倍。❸

尽管高等教育在教育资金的投入中是处于优势地位，但是从《全国教育经费执行情况统计公告》公布的数据可以看出，教育财政投入随着教育捐赠，学校自我筹集资金能力加强等因素占教育经费的比例不断下降。与此相应的是来自个人的家庭投资比例过高，家庭和个人负担的学杂费过高，这已经成为城镇和农村孩子接受高等教育的严重障碍，不利于高等教育的健康发展。另外，我国几乎所有的高校都有贷款。随着负债危机的凸现，部分行动迟缓的高校已受银行信用贷款的限制，半拉子工程、拖欠工程款现象也时有发生。高校的债务不仅基数较大，而且在国家实施宏观调控政策后，银行多次加息，导致各个高校还本付息压力急剧加大、财务风险不断增高，一些大学已经连利息都付不出来，有的高校收来的学费基本

❶ [EB/OL]. [2014 – 10 – 10]. http：//news. 163. com/07/1015/04/3QQN6M010001124J. html.

❷ [EB/OL]. [2014 – 10 – 10]. http：//news. sina. com. cn/c/2011 – 02 – 28/151522027955. shtml.

❸ [EB/OL]. [2014 – 10 – 10]. http：//news. sina. com. cn/c/2011 – 02 – 28/151522027955. shtml.

用来偿还银行的贷款，包袱将越背越重。❶

（二）城乡教育发展差距过大

提起农村的教育事业，有学者用"双重边缘化"一词来描述农村教育的现状：从整个社会结构来看，我国当前的教育被政治经济严重地边缘化了；在教育系统内部，我国的农村教育也被城市教育严重地边缘化了。这一描述一语道破农村教育面临的现实。虽然 2005 年起，国家免除了国家扶贫开发工作重点县农村义务教育阶段贫困家庭学生的书本费、杂费，并补助寄宿学生生活费；到 2007 年，全国农村将普遍实行这一政策。在高等教育阶段，要进一步完善以助学贷款为主体的资助体系，确保占学生总数 20% 和 5% 的高校学生分别得到国家助学贷款和助学奖学金。我国广大的农村仍然是经济落后地区，因学致贫现象常常发生，农村的教育形势严峻。经济欠发达的广大农村地区很难从外面吸引来优秀人才，而本地的优秀人才又源源不断地往高处走，农村教育陷入可怕的恶性循环，使得本来就脆弱的教育环境不断恶化。❷ 国务院也曾召开了全国农村教育工作会议，明确提出农村教育是教育工作的重中之重。教育部一贯重视高校对中西部省份和农村生源的适当倾斜，2011 年 11 月，教育部就提出，要在 2012 年自主招生试点中，向农村地区中学或考生等适当倾斜。这表明在自主招生过程中客观上使得农村生源处于不利地位，这也是教育部针对农村生源在自主招生予以的明确回应。政府必须把理论上的重要性转变成实际上的重要性，就是要通过教育投入体现。给予制度安排上的支持，一切向农村教育倾斜；否则，这种局面在长时间内是无法解决的。我国边远贫困地区、少数民族地区经济落后，人们受教育的水平普遍较低，这在很大程度上限制了这些地区的发展，形成"贫困—教育水平低下—更贫困"的恶性循环。因此，国家应该在这些教育资源匮乏的地区大力扶持民办教育，可以学习发达国家通过高校在农村地区设立分校加以解决。在税收方面，应该

---

❶ 辛溪，张晨. 家庭教育支出负担沉重 [N]. 人民日报，2014 – 10 – 05.

❷ 赖章盛，李会勤. 对我国农村教育公平问题的思考 [J]. 长沙民政职业技术学院学报，17 (3)，81 – 84.

给予这些地区更加优惠的政策，鼓励社会力量在这些地区举办民办教育，尽快使这些地区摆脱教育水平落后的面貌，推动其经济快速发展，缩小与发达地区的差距。

（三）区域性教育发展差距大

城乡高等教育发展的不均衡也可以说是从一个侧面反映我国区域性高等教育发展的现状，这里所说的区域性是指东部、中部及西部的区域差异。我国实行分税制财政管理体制后，政府之间的财政状态非常不平衡。越是基层的地方政府，财力越弱，中西部地区也明显不如东部地区。❶ 目前，在教育规模不断扩展，财政支持能力滞后的形势下，我国地区间的教育发展因地方财政获取能力不同而差距巨大。经济发达的地区，由于地方财政的充足，给予地方高校巨大教育资金的投入；而地方财政较弱的省市，由于本身囊中羞涩，更无法考虑教育事业的问题，而且，随着经济的发展，这种现象有越来越严重的迹象。在没有科学合理的教育财政资金的转移支付制度情形下，自 2001 年起，我国逐步建立了对经费投入实施省级统筹。经济发达的地区，教育经费不成问题；但是经济落后的地区，县财政负担过大，导致高等教育投入不足，加剧了高等教育的不均衡。

（四）公办教育和民办教育差距大

高等教育的不公不仅仅在城乡教育差距上，地区之间，同一地区的不同学校间，主要体现在公办高等学校与民办高等学校间同样存在差距。民办教育是我国教育事业的重要组成部分，数据显示，当下我国民办学校教师达数十万之多，辅导数百万学生，这些民办学校教师与公立学校教师一样，肩负着为社会为国家育人的重责，在一定程度上承担了政府的教育职责。但是在现实中，民办院校的发展遭遇着许多困境和制约。例如，我国现行税法对教育事业实行的税收优惠政策范围很广，涉及 14 个税种，这对促进教育事业的发展起到了一定的积极作用。但由于这些立法条款形成时，民办教育还很弱小，并没有引起更多的关注，因此教育方面的税收优惠政策大多是针对公

---

❶ 熊伟 . 房地产税改革的法律逻辑 ［J］. 税务研究，2011，46.

办教育的，针对民办教育的较少。而且，在现实中由于观念及体制上的原因，有些地区对民办教育的扶持与管理较弱，现有的税收优惠政策难以完全落实，造成民办教育与公办教育发展中的不公平竞争，严重阻碍了民办教育事业的发展。例如，在企业所得税方面，我国税法规定：高等学校和中小学校办工厂，可减征或者免征所得税。享受税收优惠政策的高等学校和中小学校的范围仅限于教育部门所办的普通学校，不包括电大、夜大等各类成人学校、企业举办的职工学校和私人办的学校。在营业税、耕地占用税、城镇土地使用税、房产税、车船税等方面的税收优惠政策同样把民办教育拒之门外。目前，我国公民接受教育的费用普遍提高，尤其是民办教育，由于是自筹经费办学，因此高额学费是其经费的主要来源。这导致有的民办学校成为"贵族学校"，普通百姓根本不敢问津。在对民办学校给予的税收优惠较少的情况下，民办学校为了生存不得不增加学费的收入，进一步更加减少了民办学校的生源，使民办学校陷入"生源少——经费少——发展缓慢甚至停滞"的恶性循环。公办学校与民办学校在享受的待遇上差别巨大，使得教育均衡发展的理念落空，教育单一渠道来源形式突出，更加剧公办学校的教育资源的争夺。随着社会分配关系的不断变化，居民收入水平的差异性越来越大，这就对教育的程度和质量形成了不同的需求。一部分收入较高的群体能够以支付较高的费用来获得更高程度和更好质量的教育，但在"教育机会均等"为基本宗旨的单一政府办学主体下，很少有提供这种选择性教育的机会。结果，一方面学校办学经费普遍紧缺，另一方面有支付能力的群体又不能通过补偿高比例办学成本的方式来获得较高程度和较高质量的教育。在政府包揽教育的体制下，是难以走出这种"两难"境地的。

（五）高等教育经费利用率不高

尽管这些年我国政府加大了对高等教育事业的资金投入，但对于广大民众而言仍感觉到上学难、上学贵，这主要是由于高等教育资源配置不合理造成的。现实生活中，同样是公立学校，政府用公共资源提供不平等的服务，这是最不应该出现的现象。因为在有限的投入下，要保证教育的高质量，只能在不同学校间作出取舍，资源不均衡地配备给不同学校。不同学校教学质量天然地形成了差距，于是有了对优质教育资源的竞逐追捧。

另外，某些地区甚至以收学杂费冲抵财政拨款，提留挪用教育正常收费，随时设置专项，教育经费拨款与使用的种种随意性很大，无法保证教育资金的有效利用，也就无法保证教育的质量。大量的教育资金被挪作他用，政府财政拨款"缺位"而导致学校收费"越位"，则是一些地区公办教育乱收费屡禁不止的原因。目前，我国公办大学普通专业每年学费在7000元左右，艺术专业普遍在1.5万元左右，是20年前的35～75倍，远高于GDP和国民收入增长速度。对于财政拨给高校的经费则几乎所有大学这些年都大兴土木贷款建设新校园，由此造成学生家庭及个人负担的大学经费较高，并远远高于世界各主要国家。

（六）高校欠费严峻，难以化解

高校之所以债台高筑，最主要的原因在于国家近些年推行的高校扩招战略，且招生规模一年比一年大。以毛入学率为例，1978年，我国的高等教育毛入学率只有1.55%，1988年达到3.7%，1998年升至9.76%。1999年开始大学扩招，高等教育毛入学率快速上升，2002年达到15%，高等教育从精英教育阶段进入大众化阶段。2007年我国高等教育毛入学率达到23%。2012年，这一比率达到了30%。我国提出的目标是到2015年达到36%，2020年达到40%。❶据统计，2012年，各种形式的高等教育在校生总规模达到3146万人，比2005年增加846万人，增长37%。其中，普通本专科在校生规模为2391万人；研究生在学人数为172万人；成人本专科在校生为583万人。❷规模居世界第一。随着高校招生的大量增加，高校基础设施、教学楼、实验设备等各种硬件缺口与巨大的教育需求存在的矛盾日益突出，以及各地争相开发"大学城"，各个高校开始圈地扩建，投资之大是可想而知的。高校要扩建、发展，必须投入大量资金。根据本书第四章的分析，高校的收入来源主要有：财政拨款、上级补助收入、事业收入、经营收入、附属单位缴款和其他收入，而财政拨款和事业收入占学

❶　教育部.2011年全国高等教育毛入学率达26.9%［EB/OL］.［2014-11-29］.http：//xian.qq.com/a/20120831/000269.htm.

❷　［EB/OL］.［2014-10-10］.http：//data.stats.gov.cn/workspace/index？m=hgnd.

校整个收入的比例高达90%以上。这部分收入仅能维持学校正常办学的需要，大量的建设资金主要还是通过利用银行贷款来解决，银行贷款已成为支撑高校运作的中流砥柱。现实中，各大商业银行竞相与高校签订"合作协议"，商业银行之所以不顾放贷风险"踊跃"授信，原因是国有高校在体制上享有政府信用的支撑。据中国社会科学院发布的《2006 年：中国社会形势分析与预测》显示，2005 年以前，我国公办高校向银行贷款总额已达 1500 亿至 2000 亿元，几乎所有的高校都有贷款，部分高校贷款规模大大超出其经济承受能力，无力偿还贷款，一些学校甚至连利息都无法支付。与此同时，随着我国经济发展以及对技能型人才的大量需求，今后政府会把财政支持的重点逐渐转向义务教育和职业教育。❶

随着负债危机的凸显，部分行动迟缓的高校已受银行信用贷款的限制，半拉子工程、拖欠工程款现象也时有发生。高校的债务不仅基数较大，而且在国家实施宏观调控政策后，银行多次加息，导致各个高校还本付息压力急剧加大、财务风险不断增高，有的高校收来的学费基本用来偿还银行的贷款，包袱将越背越重。这必然导致了一些高校在引进和培养高水平师资、改善教学和科研条件等方面的资金捉襟见肘，有些高校的债务问题已经开始影响到正常运转。因此，我国高等教育的发展将越来越迫切需要除政府、高校自身以外的社会力量的支持。

第二节

促进我国高等教育发展的改进思路

高等教育是具有一定竞争性和排他性的准公共产品。首先，从消费的角度来看，成本分担政策即学费制度使得未交学费的学生不能入学，因而高等

---

❶ 刘振江. 美国高校社会捐赠的成因分析及启示 [J]. 当代教育论坛，2011 (1)：107.

教育具有一定的排他性。其次，由于我国高等教育总供给小于社会总需求，学生的就学机会有限，这又使得高等教育具有一定的竞争性。最后，从收益的角度来看，高等教育不仅能使受教育者获得更高的收入和社会地位，而且还可以通过提高受教育者自身的素质和技能，促进社会经济的快速增长，从而提高国家的整体福利，所以说高等教育具有正外部性，是准公共产品。❶

　　基于前述分析得知高等教育在发展过程中存在诸多问题，我们必须有针对性地进行制度构建，以期解决这些问题。经过多年的努力，自 2012 年开始，我国国家财政性教育经费支出占国内生产总值的比重终于达到 4%。自从 1995 年颁布实施的《教育法》以来，我国就明确规定：国家建立以财政拨款为主、其他多种渠道筹措教育经费为辅的体制。实行多种渠道筹措教育经费，是我国教育经费投入的一项基本政策。这一政策，对于在现阶段教育资金投入不足的前提下调动社会各方面力量投资教育，加快教育事业的发展，具有十分现实的指导意义。纵观世界，发达国家均把发展高等教育作为谋求发展的重要战略，其支持教育发展所采用的方式除财政拨款外，还纷纷制定各种税收政策，实现筹集高等教育资金、鼓励高等教育投资等目的。❷ 如前所述，促进高等教育发展无外乎两种方式：一是加大对高等教育的财政支持力度；二是提供宽松的高等教育税收优惠。

一、加大财政支持力度，提高教育资金利用率

　　造成高等教育落后与不公平的因素有很多，例如地区经济、教育基础、师资配备等，但最根本的原因还是在于对高等教育的投入不足。自 1993 年国务院发布《纲要》以来，我国的财政性教育经费的支出占当年 GDP 的比例一直未达到《纲要》规定的 4% 指标，而且一直在 3% 低位波动，没有稳定增长的保障。教育投入占 GDP 总量 4% 的目标提出 30 余年，直至 2012 年才得以实现。所以，加大对高等教育事业的总体投入，实现高等教育资源在不同地区以及不同类型学校间的公平配置，从投入上确保高

---

❶ 魏娜. 高等教育税收优惠政策探讨 [J]. 教育理论与实践，2010（8）：9 - 11.
❷ 朱清，乔栋. 国外促进教育发展的税收政策及启示 [J]. 经济纵横，2005（3）：52 - 54.

等教育的形式公平。只有这个基础兼顾了，高等教育事业才会更有发展前途，否则，只是空谈。我们如不用更多的精力、更大的财力优先发展教育事业，就不可能根本改变在人力资源开发水平和自主科技创新能力方面落后于人的现状，就仍然会处于受制于人的严峻局面，社会主义现代化大厦的基石就不会稳固。国家财政性教育经费筹集方式尚比较单一。虽然自20世纪80年代开始，我国在高等教育领域开始了多渠道筹集教育经费的实践，但是通过与国外的相关做法对照可以发现，我国的国家财政性教育经费筹集方式还是显得比较单一。从总体上而言，主要是依靠一般性财政拨款，再加上各级政府征收的用于教育的各种税费，企业办学校教育经费，以及校办产业、勤工俭学和社会服务收入用于教育的经费，缺乏教育类税种，也缺乏教育彩票、债券等其他筹集资金的方式。

为了加大教育投入，近些年我国政府也再不断地寻求新的出路。2011年6月国务院向各省、自治区、直辖市人民政府，国务院各部委、各直属机构发布了《国务院关于进一步加大财政教育投入的意见》。该意见要求各地各部门，采取有力措施，进一步加大财政教育投入，确保《国家中长期教育改革和发展规划纲要（2010—2020年)》提出的到2012年国家财政性教育经费支出占国内生产总值比例达到4%的目标按期实现。国务院要求各级人民政府，努力增加教育经费预算，保证财政教育支出增长幅度明显高于财政经常性收入增长幅度；压缩一般性支出，优先保障教育支出，切实做到2011年和2012年财政教育支出占公共财政支出的比重都有明显提高；在编制基建投资计划、实施基建投资项目时，确保用于教育的预算内基建投资明显增加。本书将在第四章中对完善我国教育财政投入机制进行分析并提出一些有益的建议。

二、提供广泛而宽松的税收优惠政策

根据国家统计局有关家庭财务的调查表明，我国城市居民投资的第一个选择即为储蓄，而居民储蓄的目的也大多是为了子女接受高等教育做准备。这说明我国社会存在着对高等教育的巨大需求，当前的高等教育财政投入仍然不能给予公民稳定的保障。纵观我国的教育事业，尤其是高等教育发展几乎完全由政府包揽办学的成本，政府通过提供直接的财政拨款和各项专项资金以及奖、助学金而成为教育的最大资助者，对许多学校来说，也是唯一的资助者。随着教育的发展以及高等教育的规模扩张，成本开支不断增长，政府难以承担教育的巨额开支。更严重的是，由于政府长期包揽学校的办学经费，许多学校已习惯了对政府的财政依赖，对外部社会变革反应迟钝，缺乏主动变革的动力与压力，直接影响了教育的发展水平和对社会的重要责任的履行与作用的发挥。改革政府对高等教育发展的资助方式已成为我国目前教育体制改革的重要举措。所以，如何调动社会资金进入教育领域，我们认为现阶段对我国所有的教育模式，要充分调动全社会办教育积极性，利用税收优惠制度扩大社会资源引入教育途径，鼓励、引导社会力量出资办学，捐资助学。税收优惠政策虽只是促进教育事业发展的辅助措施，但易于长期激励教育的长足发展。对提供"偏私人产品"的教育模式，也就是学前教育，当前的高中阶段教育、职业教育、高等教育和继续教育，尤其是以民办形式存在的"偏私人产品"的教育模式在提供给一定财政资金的基础上主要以税收优惠促进其健康的发展。在理顺政府与民间的教育投入关系和积极吸纳民间投资方面，首先应该按照不同层次和不同类型教育的社会受益程度的高低，分别采取相应的投资模式。对于中小学基础教育，应该采取以政府公共投资为主的公共兴办模式，由各级政府承担起对中小学基础教育的投入责任；对于普通高等教育，由各级政府与民间主体共同承担相应的投资任务。国家应制定政策，允许企业或个人投资举办教育可以取得与银行存款相等水平的利润，这既有利于增加教育经费投入，也有利于经济结构的调整。

关于促进高等教育发展的教育税收优惠制度，由于我国目前多数学者只是简要的提出零散的建议和思路，本书将在第五章进行详细的论述，并努力使之系统化。

第四章

完善高等教育财政投入制度

从词语的逻辑关系上看，财政与税收不是同一层次的概念。财政包含税收，但不限于税收，税收只是财政收入的一种形式，二者之间是种属关系。由于税法在财政法中相对独立，也由于人们习惯于将税收和财政相提并论，因此，将"税收"一词凸显出来。❶ 考虑到本书结构的完整性，我们认为在阐述促进高等教育发展的税收优惠制度的同时，适当地分析一下高等教育的财政投入问题会使得本书的篇章结构更加合理，有助于读者建立起完整的高等教育财政税收制度体系，所以在本章简要介绍一些高等教育的财政投入问题。

包括高等教育在内的各级各类教育是国家基础性和战略性的产业，相应的，对高等教育事业的投入也是支撑和维护我国长远发展的基础性、战略性投资。高等教育的财政性投资不仅仅是高等教育事业的物质基础，更是一个国家公共财政的重要职能。一个国家的高等教育发展滞后的主要原因就在于高等教育资金投入不能满足高等教育事业的需求。纵观当今世界，各个国家都无不在积极调整国家财政收支结构，完善和公共财政体制相适应的高等教育财政投入制度。

第一节

我国高等教育财政投入的现状分析

一、我国高等教育财政投入的规模

随着国家经济的强有力的发展，我国财政收入不断增长的同时，国家

---

❶ 刘剑文，熊伟. 财政税收法［M］. 北京：法律出版社，2009（5）：1.

财政性教育经费投入力度不断增强。早在 1993 年，中国就发布《纲要》提出，国家财政性教育经费支出占 GDP 比例要在 20 世纪末达到 4%。但由于多种原因，这一目标直到 2012 年才得以实现。即使现在我们达到这一目标，我国的教育水平和质量与国外发达国家仍有一定的距离，教育的粗放管理和经费使用效率均较为低下。2000~2006 年，高等教育经费从 983.1 亿元增长到 3057.8 亿元，平均年增长 20.9%，高等教育财政性经费平均增幅 15%。但是，财政性经费占总投入的比例却持续下降，1978 年为 96.4%，到 2000 年为 57.3%，到 2006 年，这一比例下降到 42.6%，政府对高等教育的负担水平明显下降。❶ 2003—2008 年，高等学校基本建设投资总规模分别为 751.08 亿元、889.65 亿元、901.37 亿元、959.74 亿元、958.68 亿元、646.17 亿元。❷ 高等教育的财政投入的规模并非逐年增加，而是有减少的趋势。

二、我国高等教育财政投入的问题分析

随着我国社会主义市场经济的发展，我国的高等教育事业虽然已经取得了举世瞩目的成就，但我国高等教育事业存在的最大问题就是教育资金的投入与人民对教育的巨大需求之间不能平衡。根据世界银行的统计，早在 2001 年，澳大利亚、日本、英国和美国等高收入国家，公共教育支出占 GDP 的均值就已达到 4.8%，哥伦比亚、古巴等中低收入国家，公共教育支出占 GDP 的均值达到 5.6%。❸ 为了妥善解决这一问题，我国在法律层面也构建相关制度。以期用法律的形式保障高等教育经费投入制度，合理的配置财政资源，争取早日达到教育公平性的目标。《教育法》第 54 条规定，国家财政性教育经费支出占国民生产总值的比例应当随着国民经济的发展和财政收入的增长逐步提高，全国各级财政支出总额中教育经费所占比例应当随着国民经济的发展逐步提高。目前，制约和阻碍我国高等教育

---

❶ 杨爱美，赵永行. 浅议我国高等教育投入现状及对策 [J]. 经营管理者，2011 (9).

❷ http：//theory. people. com. cn/GB/13388585. html.

❸ http：//roll. sohu. com/20130305/n367842381. shtml.

事业发展的最大问题就是我国政府对高等教育事业的财政性投入不足和教育财政投入的结构不合理。造成这一现象的原因，归纳起来大致有如下几个。

（一）经济建设的周期性制约对高等教育的投入

长期以来，我国政治稳定，社会发展平稳，所以，经济增长率和税收增长水平变成了地方行政官员升迁的主要考核内容。地方行政官员基于政治利益的考量，势必对具有突显性且产出周期短的经济建设领域倾注大量精力和资金。地方政府积极地将国家拨付的有限的财政资金较多地投入到在短时间内或者是自己的任期内能够产生规模效益的领域，比如基础设施建设、工厂建设等以期不断扩大本辖区的国内生产总值和税收水平。这必然造成对教育、医疗、卫生、社会保障等公共服务财政支出的总量投入不足。这一现象的根本原因在于我国的政府治理结构不完善。我国当前正处于计划经济向社会主义市场经济转型的过程中，我国的财政职能相对于发达国家依然具有浓重的建设性财政特征，经济建设费支出的比重仍然很高。基于之前我们的分析，教育的财政支出对社会经济发展有长期的持续性促进作用，但是在短期内对高等教育领域的财政投入没有显著作用，不能立竿见影。因此，在我国现行财政分权的体制下，以地方为主的教育财政体制中，地方政府教育经费的投入不能达到合理的水平就在情理之中。

（二）行政成本挤占对教育的投入

从国家整体财政分配上看，我国的行政管理支出近年来一直为公众所诟病，社会各界直指三公消费，三公消费指政府部门人员在因公出国（境）经费、公务车购置及运行费、公务招待费产生的消费，三公消费早已成为一种普遍的现象，并引起社会广泛关注。有研究披露，三公消费其数额每年超过9000亿元，越来越引起民众的不满和反感。理论上讲，行政管理部门的财政支出属于纯消耗性支出，其所占的比重不适宜过高，而教育、社会保障等经费的投入则有利于未来国民整体素质的提高和人力资本积累的形成。大量的财政收入经费用于行政单位的支出势必会减少向教育领域的资金投入。另外，在高等教育发展的过程中，教育经费的分配使用上不仅高校基础设施建设占用一部分资金，高校行政化也挤占了教育经费，势必造成投入到教学和学生的教育经费的减少。我国行政成本的不断扩张从而挤占了高等教育事业的财政投入是造成这一现象的主要因素。

（三）高等教育部门话语权的缺失

在高等教育的财政投入过程中，高等教育事权和财权被人为分离，是我国高等教育经费管理体制中存在的一个主要问题。我国教育事业经费的预决算编制、教育资金的转移支付和使用管理权一直归属我国的财政部门，而作为统管教育事业的教育行政部门却没有全程参与教育经费预决算编制、教育资金转移支付和使用管理的权力。❶ 通常情况下，高等教育事业发展规划由教育行政部门编制后纳入同级政府经济和社会发展计划，高等教育经费预算则由财政部门编制。由于这两种不同的编制主体所依据的原则和考虑的事由存在不一致，必然造成教育部门和财政部门关于教育资金预算的脱节。财权是事权的基础，教育部门没有财权，或者财权过小，也就难以有效地行使事权。这就导致教育部门在实际的管理过程中对教育资源的合理配置效率低下等问题的产生。特别是中等教育以及高等教育领域中这一问题更为突出。我国目前仍然存在着部门办学的体制，各个部门所属学校的事业费和基建费是由财政划拨的，而作为统筹管理全国教育事业发展的国家教育行政部门，只掌管本部门所属学校的经费，无力调配和统筹安排其他部门所属院校的经费，不可能对国家的教育发展在宏观上给予指导和规划，教育经费的整体使用效益自然也就难以提高。

（四）区域性差距过大

我国经济发展的区域性差异导致了地方财政能力的区域性差异。目前，在高等教育规模不断扩展，财政支持能力滞后的形势下，我国地区间的教育发展因地方财政获取能力不同而差距巨大。2010 年东部地区人口占全国人口的 32%，一般预算收入占全国的 58%；中西部地区人口占 68%，

---

❶ 陈国良. 教育财政国际比较 ［M］. 北京：高等教育出版社，2000.

一般预算收入仅占 42%。❶ 在没有科学合理的教育财政资金的转移支付制度的情形下，自 2001 年起，我国逐步对经费投入实施省级统筹。经济发达的地区，教育经费不成问题；但是经济落后的地区，县级财政负担过大，导致高等教育投入不足，加剧了高等教育的不均衡。

（五）教育经费投入结构不合理

教育经费的投入结构，是指一个国家公共教育财政投资用于初等教育、中等教育和高等教育的比重。合理的投资结构应是从初等教育到高等教育，投资比例是递减的。我国从 2004 年开始，高等教育经费支出就已经开始超过了初等教育和中等教育，并且差距还在逐年拉大，使得我国教育事业呈现出"倒金字塔"的情形。这种现象明显不利于可持续发展，长久以来我国薄弱的基础教育形势不仅仅会影响到整个国家的国民素质，也会影响高等教育下的人才素质和水平。我国现在的义务教育经费投入主体仍是以县为主，目前与中央、省级和县级政府财政收入比例相对应的财政支出是一种倒置的支出结构，这就导致大部分县级财政无力承担义务教育的投入责任。尤其近年来高校不断扩招，必然要求学校加大基础设施建设，相应地投入到高等教育的经费大部分用于校舍和办公用房的建设，影响到对学生和教师的投入。与 OECD 国家相比，我国高等教育支出中，基建经费支出所占比例较高，约比 OECD 国家高 5% 左右。❷

（六）高等教育经费管理水平较低

我国高等教育部门在教育经费使用效益上存在一定问题，特别是各个学校布局、布点不合理，学校的设备利用率低，办公经费过高等现象普遍存在。高等教育领域必须开源节流，在增加教育经费总量投入的同时，必须进一步提高教育经费使用效益。

---

❶ 安体富. 完善公共财政制度逐步实现公共服务均等化［J］. 东北师范大学学报，2007 (3).

❷ 刘学岚. 我国高等教育经费支出结构分析［J］. 武汉大学学报，2009 (4).

第二节
完善我国高等教育财政投入制度

一、拓宽教育资金的来源渠道

我国为如期实现 4% 的教育财政投入目标，在增加公共财政预算教育投入的同时，还积极拓宽财政性教育经费来源渠道。近年来的具体措施可以归纳为以下三点：第一，统一内外资企业和个人教育费附加制度。1986年，国务院颁布了《征收教育费附加的暂行规定》，对我国公民和内资企业，按照增值税、消费税、营业税（以下简称"三税"）实际缴纳税额的 3% 征收教育费附加。随着我国改革开放的不断深化，这种内外有别的制度越来越不符合市场经济公平竞争的要求。为此，2010年10月18日，国务院印发了《国务院关于统一内外资企业和个人城市维护建设税和教育费附加制度的通知》（国发〔2010〕35号），决定自2010年12月1日起，对外商投资企业、外国企业及外籍个人，统一按"三税"实际缴纳税额的 3% 征收教育费附加。这一政策的实施，有利于促进内外资企业的公平竞争，更有利于拓宽财政性教育经费的来源渠道。第二，全面开征地方教育附加。根据《教育法》第57条，省、自治区、直辖市人民政府根据国务院的有关规定，可以决定开征用于教育的地方附加费。根据国务院有关部署和要求，2010年11月，财政部印发了《关于统一地方教育附加政策有关问题的通知》（财综〔2010〕98号），要求各地统一开征地方教育附加政策，未开征地方教育附加的省份，要尽快对本行政区域内缴纳"三税"的单位和个人（包括外商投资企业、外国企业及外籍个人），按照实际缴纳税额的 2% 征收地方教育附加；已开征但征收标准未达到"三税"税额

2%的省份，要尽快将征收标准统一到2%。目前，绝大多数省份已将开征方案或调整征收标准的方案报财政部审批。全面开征地方教育附加，进一步拓宽了财政性教育经费来源渠道，有利于多渠道增加教育投入。第三，从土地出让收益中按比例计提教育资金。为进一步增加教育投入，经国务院同意，从2011年1月1日起，各地要进一步调整土地出让收益的使用方向，从以招标、拍卖、挂牌或者协议方式出让国有土地使用权取得的土地出让收入中，按照扣除征地和拆迁补偿、土地开发等支出后余额10%的比例，计提教育资金。按照国务院要求，财政部会同教育部印发了《关于从土地出让收益中计提教育资金有关事项的通知》（财综〔2011〕62号），明确了教育资金的计提口径、计提比例、使用范围和管理方式等。教育资金分季度计提，年终进行清算。计提的教育资金实行专款专用，重点用于农村（含县镇，下同）学前教育、义务教育和高中阶段（以下简称"农村基础教育"）学校的校舍建设和维修改造、教学设备购置等支出。各地在保障农村基础教育发展需要的前提下，计提的教育资金仍有富余的，可以将教育资金用于城市基础教育的上述相关开支。各地可根据实际情况，决定省级是否统筹部分教育资金，以促进本行政区域内教育协调发展。

二、完善高等教育财政资金的转移支付制度

我国地区间发展差异较大，经济发展不平衡，自然条件也千差万别，中央财政适度集中财力有利于实施有效的地区均衡政策，推动基本公共服务均等化，促进区域协调发展。我国东部地区人口相对较少，但却是财政收入的"主产区"。如果地区间经济相对均衡、税源分布相对均匀，中央财政确实可以少集中一些，但在东西差距、南北差距都较为明显的现实国情下，中央如果不适度集中收入并通过转移支付等支持中西部地区发展，地区间财力差距会更大，公共服务均等化、地区间协调发展、社会和谐等就无从谈起。因此，中央保持一定的财力集中度，既有利于建立和完善社会主义市场经济体制、推动科学发展，又有利于增强宏观调控能力、推动地区间公共服务均等化，具有重要的政治和经济意义。

高等教育分权面临的一个关键问题是，应该怎样在各省级政府、省级政府之内、各城市、各社区或各学校之间分配教育资源。我们建议对现行法律法规中的不合理或者存在冲突的条款进一步修改，完善我国的教育财政法规体系，使教育事业经费的筹集、负担、分配和使用都有法可依，明确教育经费使用主体的权责，从而推进教育财政决策的民主化、法制化。在这一方面可以借鉴日本的《义务教育费国库负担法》或美国的《1984年拨款法》等专门的教育财政法。❶ 条件成熟时，可以制定我国专门的教育支付法律。高等教育经费的有限性决定我们必须科学合理地利用有限的资源去办更多的事情，在高等教育经费的使用过程中注重效率和成果，加强调研，争取以较少的投入换取较大的回报。

三、高等教育财政资金的合理分配

当前，我国在教育经费的投入领域表现为三级投资结构严重失衡，具体是指我国公共教育财政投资用于初等教育、中等教育和高等教育的比重不协调。按照国际惯例，合理的投资结构应该是从初等教育到高等教育，其投资比例是递减的。资料表明我国高等教育经费支出自 2004 年起就已经超过了初等教育和中等教育，并且差距还在逐年拉大，使得我国教育事业呈现出"倒金字塔"的情形。可以说，我国目前"最缺钱"、最需要大力扶持的教育就是义务教育。当然，我们这里并不是要削减高等教育经费的整体投入，因为宏观上看我国高等教育经费不仅在国内是呈现出下降趋势；在国际上与其他较发达国家相比，不论在总量上还是人均投入量上均处于较低水平。资料显示，目前我国高等教育总投入占 GDP 的比例以及人均教育经费、各级教育生均经费都远低于世界水平。我们建议在保障高等教育的财政经费投入的前提下，尽量开辟多种经费来源，例如加强税收优惠制度的建设，以替代高等教育的财政投入，促使教育财政经费适当向基础教育等教育模式倾斜。这符合经济学中关于公共物品的阐述，如财政采

---

❶ 吕炜．高等教育财政：国际经验与中国道路选择 ［M］．大连：东北财经大学出版社，2004.

购的对象属于公共物品，为政府公务所必须，则预算安排支出就同时具有
公共性。如果某类物品完全不能通过市场交换而获得，必须由财政全额负
担，则称之为具有完全的公共性；如果某类物品部分可以通过市场交换获
得，财政只负担其差额，则称之为具有部分公共性；如果某类产品完全可
以通过市场交换获得，不需要财政负担，则称之为不具有公共性。❶ 从教
育发展的现实情况来看，非义务教育不能简单地归为公益性事业，应将其
定位在介于纯公共产品与私人产品之间的一种"准公共产品"。因为一方
面，非义务教育具有效益上的外溢性，接受非义务教育不仅个人受益，而
且社会也会随之受益，这使得非义务教育具有公共产品的属性；另一方
面，非义务教育或多或少存在着消费上的排他性，并非本地区全体居民受
益，而是在一定约束条件下的居民受益，并随着供给范围的扩大，其成本
也呈现出一定程度的增加，这使得非义务教育具有了私人产品的属性。总
的来说，教育公益性的程度，在初等教育、中等教育、高等教育三级教育
结构中是递减的，当今社会表现得尤为明显。完善非义务教育培养成本分
担机制，改进非义务教育公共服务提供方式，完善优惠政策，鼓励公平竞
争，引导社会资金以多种方式进入教育领域。具体而言学前教育实行政府
投入、社会举办者投入与家庭合理负担的投入机制；当前普通高中教育实
行以政府投入为主，其他多种渠道筹资经费为辅的体制，并随着财政力量
的增强，逐步将高中阶段教育纳入财政全额支持范围；职业教育实行以政
府、行业和企业以及其他社会力量等多渠道依法筹措经费投入的机制；高
等教育是混合品，个人接受高等教育必须分担一部分成本，即缴纳一定数
额的学费。❷ 由于高等教育的外部性、非义务性和私人性等特点，高等教
育实行以举办者（尤其是民办高校）投入为主、受教育者合理分担成本的
投入机制，并实行税收政策激励为主、直接财政拨款资助为辅的财政资助
政策来筹措经费。

---

❶ 刘剑文，熊伟. 财政税收法 [M]. 北京：法律出版社，2009.

❷ 范丽萍. 完善我国高等教育税收优惠政策的思考 [J]. 财政监督，2009 (12)：67 - 68.

四、构建教育券或教育彩票制度的设想

国外流行的发行教育彩票是一种大规模筹集资金的方式。可以通过发行教育彩票筹集教育资金，设立奖学金项目，资助学生就读高等院校。美国在1776年建国后，国会就曾发行4种彩票来筹集资金，建立了哈佛、耶鲁等几所大学。现在美国有13个州部分或全部把彩票收入投入到教育中，加利福尼亚州在利用发行彩票支持公立教育方面已建立了一套比较成熟的机制和做法。当前，我国福利性彩票业发展取得了巨大成功，而教育作为为全社会提供公益性产品的产业，可以预见教育彩票在我国大有潜力可挖，有广阔的市场前景。目前我国彩票市场品种单一，相距彩票产业的发展要求还很远，有很大的发展空间。❶

在强化教育资金利用率方面，美国学者弗里德曼提出了教育券理论。教育券是政府把原来直接投入公立学校的教育经费按照生均单位成本折算以后，以面额固定的有价证券（即教育券）的形式直接发放给家庭或学生，学生凭教育券自由选择政府所认可的学校（公立学校或私立学校）就读，不再受学区的限制，教育券可以冲抵全部或部分学费，学校凭收到的教育券到政府部门兑换教育经费，用于支付办学经费。在教育券理论中，家长与学生的选择权是其核心和基石。有了教育券，家长可以在任何一个愿意接收他的子女的学校使用凭单，不论是私立的，还是公立的，也不论是在他们居住的地区、城市或州，还是在其他地区、城市或州。这样教育不仅在公立学校之间，也在公立与私立学校之间展开竞争。教育资金的投入由政府的替代选择转向公民社会选择，使教育事业产生竞争活力，从而强化教育资金的利用率。

---

❶ 韦明伺. 试探教育彩票的发行 ［J］. 集美大学学报，2005（3）：50－52.

第五章

我国教育税收优惠的法律文本分析

我国当前税收优惠制度立法概况

我国政府不仅在财政支出上对包括高等教育在内的各种教育事业给予大力支持，而且在税收方面给予教育事业大量的优惠政策，为教育事业发展开源节流。我国财政和税务部门实施的教育税收优惠政策主要体现在《关于教育税收政策的通知》《关于加强教育劳务营业税征收管理有关问题的通知》和《教育储蓄存款利息所得免征个人所得税实施办法》等文件中。● 这些税收优惠政策涉及众多税种，优惠内容全面，很好地体现了国家对教育事业的支持力度。根据当前税收优惠政策的性质，可以将这些政策大致分为两类：一类是以具体税种为基础的税收优惠制度，即在为有关具体税种设置优惠对象时，充分考虑到教育事业所涉及的部分；第二类是依附于特定经济措施的税收优惠制度，即国家基于促进教育发展的特定目的在经济生活中实施特定措施的同时给予教育相应的税收优惠制度。

一、涉及教育领域的税种

在详细分析我国当前所有税种的前提下，将各个税种中涉及教育领域的部分加以提炼，并归类如下。

（一）增值税、消费税

对教育部承认学历的不以营利为目的大专以上全日制高等学校在合理

● 范丽萍. 完善我国高等教育税收优惠政策的思考［J］. 财政监督，2009，（12）：67–68.

数量范围内的进口国内不能生产的科学研究和教学用品，直接用于科学研究或教学的，免征进口关税和进口环节增值税、消费税。

（二）营业税

托儿所、幼儿园提供的育养服务，学生勤工俭学提供的劳务，免征营业税；对从事学历教育的学校提供教育劳务取得的收入，免征营业税；对政府举办的高等、中等和初等学校举办进修班、培训班取得的收入，收入全部归学校所有的，免征营业税和企业所得税。

（三）个人所得税

省级人民政府、国务院各部委和中国人民解放军军以上单位，以及外国组织、国际组织颁发的教育方面的奖金免征个人所得税；个人对教育事业的捐赠部分按照规定从应纳税所得额中扣除；高等学校转化职务科技成果以股份或出资比例等股权形式给予个人奖励，获奖人在取得股份、出资比例时，暂免个人所得税；转让股权、出资比例所得时，依法缴纳个人所得税。

（四）企业所得税

企业发生的公益性捐赠支出，在年度利润总额 12% 以内的部分，准予在计算应纳税所得额时扣除；对高等学校、各类职业学校服务于各业的技术转让、技术培训、技术咨询、技术服务、技术承包所取得的技术性服务收入，暂免征收企业所得税；企业发生的职工教育经费支出，不超过工资薪金总额2.5% 的部分，准予扣除；超过部分，准予在以后纳税年度结转扣除。

（五）房产税

国家财政部门拨付事业经费的单位自用的房产免征房产税；企业办的各类学校、托儿所、幼儿园自用的房产，可以比照由国家财政部门拨付事业经费的单位自用的房产，免征房产税。

（六）城镇土地使用税

国家财政部门拨付事业经费的单位自用的土地免征城镇土地使用税；企业办的各类学校、托儿所、幼儿园，其用地能与其他用地明确区分的，可以比照由国家财政部门拨付事业经费的单位自用的房产，免征城镇土地使用税。

（七）耕地占用税

学校、幼儿园经批准征用的耕地，免征耕地占用税。

（八）印花税

财产所有人将财产赠给学校所立的书据免征印花税。

（九）契税

学校土地房屋的买、典、承受赠与或交换行为，免纳契税。

（十）关税

境外捐赠人无偿捐赠的直接用于各类职业学校、高中、初中、小学、幼儿园教育的教学仪器、图书、资料和一般学习用品，免征进口关税和进口环节增值税。

二、经济措施

（一）教育储蓄税收优惠制度

据调查，我国居民储蓄存款的第一目的是为了子女教育，所以，为缓解居民教育支出的负担，促进城乡居民为子女进行非义务教育存储备用资金，国家在 1999 年对储蓄存款利息所得征收个人所得税后，中国人民银行于 2000 年制定并颁布了《教育储蓄管理办法》，对教育储蓄实行利率优惠，且利息免税，力求在居民教育储蓄上给予支持，以应对当下教育的开支尤其是高等教育的开支所占家庭生活成本支出比重过高，防止因教育致贫的现象发生。❶

---

❶ 自 2008 年 10 月 9 日起，我国对储蓄存款利息所得（包括人民币、外币储蓄利息所得，下同）暂免征收个人所得税。

（二）校办企业税收优惠制度

校办企业在为各类学校的发展积累了雄厚的资金，为了给校办企业营造良好的生存空间，促进"产学研"相结合，重视校办企业为学校提供教育资金的作用，给予校办企业极大税收优惠。这些规定主要体现在 1994 年颁布《关于企业所得税若干优惠政策的通知》及《国家税务总局关于学校办企业征收流转税问题的通知》中。

第二节

我国教育税收优惠制度的利与弊

一、我国教育优惠制度的成功之处

目前，我国已建立起的教育体系是世界上规模最大的，这意味着我国已经迈入人力资源大国行列，在某种意义上，现行教育税收优惠制度起了至关重要的作用。总体来说，教育税收优惠制度的实施对我国教育事业的积极作用表现在以下四个方面。

（一）弥补教育财政投入的短缺，变相为教育事业提供资金支持

税收优惠政策虽然仅仅在教育发展过程中起辅助作用，但对教育的长远发展可以起到激励和引导。利用税收优惠政策吸引更多的社会资金投入到教育事业，鼓励、引导社会力量捐资助学、出资办学。我国教育投入供给正在形成以政府投入为主导，多途径融资的局面，这一局面在很大程度

上弥补了教育财政投入在短时间内不能较大幅度提高的制约，为我国教育事业的进一步发展提供了动力，很大程度上满足了社会对教育全面发展的需求。

（二）各层次教育规模逐步扩大，教育体系日趋完善

以高等教育为例，据教育部发布的《2013 年全国教育事业发展统计公报》显示，2013 年全国各类高等教育在学总规模达到 3460 万人，高等教育毛入学率达到 34.5%。全国共有普通高等学校和成人高等学校 2788 所。其中，普通高等学校 2491 所（含独立学院 292 所）；成人高等学校 297 所。我国高等教育逐渐形成了以公办为主、民办为辅的格局，结构也日趋合理，能很大程度上满足人民群众对高等教育的需求。除了高等教育外，学前教育、职业教育和继续教育在教育税收优惠制度的激励之下也有了较大进展，教育体系不断合理和完善。

（三）缩小区域性教育水平的差别

我国中东西部地区间的教育发展水平因地方财政对教育事业的支出力度的差异而差距很大。经济发达的东部沿海地区，地方财政收入比较充足，可用于教育支出的资金较多，该地方的教育发展水平就会高一些；而地方财政较弱的中西部地区，政府本身财政收入较少，有些甚至需要国家和其他地方的转移支付的财政支持，无法对教育事业给予充足的资金支持，该地区的教育发展就会滞后。而教育税收优惠制度不断突显其激励作用，逐步引导民间资本向教育落后地区及农村地区流入，不断激励社会对教育落后地区的捐赠，促使教育发展水平的区域性差异正逐步减小。

（四）教育硬件设施不断更新完善，教育信息化水平不断提高

以教育捐赠为例，由于教育税收优惠政策的引导，使得社会的教育捐赠规模不断扩大，不仅为学校校舍的建设提供了资金保障，促进了硬件设施的不断改善还因电脑设备等实物捐赠的增加，促进了教育信息化的发展进步。

二、我国教育税收优惠制度的不足之处

尽管我国的教育税收优惠制度对促进教育事业的发展起到了一定的积极作用，但现行税制中的相关税收优惠政策还存在不足，主要体现在税收优惠的形式和种类比较单一零散，缺少应有的系统性和计划性；税收优惠的适用和受益范围比较窄，力度不大，尤其是在个人所得税制度和企业所得税制度中的税收优惠相关规定，对社会投资办学的热情没有充分地调动起来；某些有关教育的减免税规定过于简略和原则，缺乏针对性与操作性，都制约了税收优惠制度对教育的激励作用。

（一）我国教育税收优惠制度缺少主导性税种的统领

旨在促进教育发展而采取的税收优惠政策，不能仅仅依赖于单个税种的个别条文的规定。教育税收优惠机制中由于主导税种的缺失，使得众多税收优惠政策无法融合为统一协调的体系，这是我国教育税收机制的作用没有充分发挥的重要原因。

（二）教育税收优惠制度对公立学校优惠多，对民办学校扶持少

实践中，公办学校和民办学校不能一视同仁，教育税收优惠政策的对象大多是财政拨款的公立学校，适用于民办学校的较少。民办教育由于定位不清晰，在"身份认同"的进程中阻力很大。政府的教育发展规划很少考虑民办教育，没有为民办教育事业谋划蓝图，导致了民办学校与公立学校在政策方面没有享受同等的待遇，主要表现在财政资助、税收负担、税收优惠、学生补贴等方面，妨碍了民办教育事业的发展。❶ 在一定程度上造成强者更强，弱者更弱的现状。

（三）税收优惠制度集中于教育供给者，对直接受教育者的优惠较少

根据享受税收优惠制度对象的差异，我们又可以将有关教育的税收优

---

❶ 郑慧芳，罗莉. 关于民办教育税收差别待遇的思考［J］. 云南财经大学学报，2007（4）：106.

惠制度划分为两个不同的方面，一方面是对教育提供者的税收优惠制度；一方面是对接受教育者的优惠制度。理论上，对教育的提供者或教育的接受者提供税收优惠，都可以降低教育成本，能够增加社会的教育投入量或者社会对教育的需求量，本身并没有本质的区别。但是，与给予教育提供者税收优惠相比，教育提供者不免会因制度设置条件的苛刻以及自身经营管理能力的不足，导致通过税收优惠所实现的收益较少，最终对于接受教育者而言并不是很有利。

（四）教育税收优惠制度对教育捐赠的税收激励力度不大

教育虽说总体上是公共事业，但仅靠政府投入是不够的，需要不断从社会上争取捐赠，政府、社会和个人共同对教育事业投入，才能使教育事业健康发展。我国目前社会和个人在教育事业上的作用基本无从体现，原因在于我国教育税收优惠制度对教育捐赠的税收激励力度不大，我国教育捐赠的税收激励措施主要体现在企业所得税和个人所得税上，对涉及捐赠税收优惠方面的技术性问题的规定存在不足。流转税方面没有相应的优惠措施，进一步抑制了捐赠者的积极性。

（五）教育储蓄制度基本名存实亡

教育储蓄是指个人按国家有关规定在指定银行开户、存入规定数额资金、用于教育目的的专项储蓄。目的是为了减轻居民投资子女非义务阶段教育的费用负担。教育储蓄的前提是国家的利息税的开征抑或是教育储蓄的利率高于任何形式的存款利率。但是随着 2008 年 10 月 9 日国家对储蓄存款利息所得暂免征收个人所得税制度的实施，教育储蓄在利息税赋方面的优惠已经不能起到激励作用，相应的储蓄量极大减少。另外，加之人们的理财渠道众多，使得教育储蓄的免税和利率优惠的优势不再存在。据了解，现在已经很少有人问津教育储蓄了。

（六）校办企业税收优惠制度混乱，亟须改革

国家原本为教育发展和产学研相结合而给予校办企业的税收优惠制度

却在实践中吸引了众多企业冒充校办企业骗取税收优惠。● 校办企业税收优惠制度混乱,监管机构疲于应对,无法有效甄别,原来许多纳税企业摇身一变成为校办企业,享受着它不应该享有的优惠制度,这不仅造成了国家税收的流失,而且由于成本的降低可以同其他同等企业之间形成不公平的竞争,从而引发不正当竞争等诸多问题。

(七) 教育税收优惠方式比较单一

教育税收优惠制度根据发生阶段的不同,又可以分为直接税收优惠和间接税收优惠两种。直接税收优惠方式是一种事后的利益让渡,主要是对企业的经营过程中对教育捐赠的税收减免。间接税收优惠方式是依靠较健全的会计审计监管制度,注重税前优惠,通过对税基的调节,从而激励纳税人为符合政府的制度目标而调整生产、经营活动。我国目前以直接税收优惠方式为主,间接税收优惠为辅助。如在个人所得税征收上,仅仅重视扣除费用的高低,不重视以家庭为单位,综合考虑家庭教育开支问题,是教育税收优惠方式单一的体现。

第三节

国外教育税收优惠制度及评析

为推进教育事业的发展,在税收方面实行优惠政策是各国通行的做法。我们在教育税以及教育税收优惠制度构建较为合理的众多国家中选择美国、英国、加拿大以及日本等国家作为典型,从中总结适应我国的经验。

● 黄华珍. 校办企业涉及的税种及可享受的税收优惠的政策分析 [J]. 恩施职业技术学院,2003 (2): 59 – 60.

一、美国教育税收优惠制度的规定

美国的教育体系之所以高度发达，主要还是得益于美国政府和社会各界对教育事业的重视，想尽办法为教育提供多种多样税收优惠形式。美国对教育提供的税收优惠制度覆盖面广，制度繁多。美国教育税收优惠的主要项目如下。

（一）开征教育税

税收因其固定性、强制性和无偿性的优势，一直作为财政收入稳定可靠的来源。美国为了有效解决地方教育经费的缺口，为教育开辟财源，国内的俄亥俄州、宾夕法尼亚州、爱荷华州、肯塔基州、密歇根州等州开征教育专门税（有些地方称为学区所得税，但其内容一样，只是名称不同）。❶

（二）针对教育者的税收优惠

以美国为例，其教育税收优惠制度主要是针对受教育者实施的，具有直接性特点，具体有以下形式。

1. 教育储蓄账户制度

大致内容为：在美国，纳税人可为18周岁以下的未成年人在银行储存一定数额的教育备用金，最高限额为每年500美元，该账户获得的利息和利润均可免税。但该账户只能用于以后未成年人的教育，假如该账户被挪作他用，则不能享受该制度带来的税收优惠。

2. Hope Credit 和 Lifetime Learning Credit 制度

美国高校特别是私立高校的学杂费并不低，为减轻财政压力，个人可以申请 Hope Credit 和 Lifetime Learning Credit，这是与教育开支有关的两个 Tax Credit，分别为不同的减税目的而设立。对于 Hope Credit 来说，符合条

---

❶ 张旺. 美国联邦政府高等教育税收优惠政策及借鉴 [J]. 涉外税务，2005（9）：36–39.

件的纳税人最高可以申请1800美元的Hope Credit，最多可以将纳税人的应缴税抵减至零。每一个学生最多可申请两年，该学生至少要是半日制学生。Lifetime Learning Credit最高可以达到2000美元。同样的，它最多可以将纳税人的应缴税抵减至零。对于Lifetime Learning Credit的申请则没有年数的限制。当纳税人没有选择申请以上两个Tax Credit的时候，也可以选择申请学杂费减税，只是额度有所不同。另外，有一些纳税人，他们学生贷款的利息也可以作为减税项目，最高额度可以达到2500美元，条件是该纳税人的MAGI（Modified Adjusted Gross Income）少于70000美元。❶

3. 教育贷款利息抵减制度

即任何纳税人在学习期间向银行所贷的教育资金，其前60个月的利息可用来抵减以后应纳税所得额。该项贷款可以用以纳税人本人的教育费用，也可以作纳税人为子女支付的教育费用。

（三）针对教育提供者的税收优惠

针对教育提供者的税收优惠体现在公办和私立学校的制度上，也包括宗教性质的学校。美国政府和民间普遍认为，教育不分公立或私立，均是一国教育事业的重要组成部分，都为国家教育事业的发展作出贡献。私立学校在一定程度上为国家分担了理应属于政府负责的一部分教育责任，所以，国家理应为私立教育进行资助。美国政府根据私立学校的宗旨、收入去向的不同，对私立学校进一步细分为非营利性私立学校和营利性私立学校。所以，在美国的大多数州，都会存在公办学校、非营利性私立学校和营利性私立学校并存的现象。美国联邦所得税法规定，除了私人所有的营利性私立学校外，其他任何学校都有资格获得免税地位，而且对营利性私立学校也给予大量的税收优惠。❷另外，美国各州都积极确认非营利性私立学校的标准，即学校的收费不得超过学校日常的开支，缺口部分可以靠捐赠或拨款获得；学校管理人员的薪资要合理，并设置一定上限；学校不得以牟利为目的进行表面上的教育活动，以控制非营利性私立学校的数量。

---

❶ 万园. 完善的税收制度：美国高等教育发展的重要保障 [J]. 学园，2011（4）：55.
❷ 付伯颖，苑新丽. 外国税制 [M]. 大连：东北财经大学出版社，2007.

（四）针对社会相关方的税收优惠

美国各州税法均规定了公司、社会团体和个人对教育的捐赠可获相应的税收优惠，力度很大，主要体现于各州的公司所得税法和个人所得税的税收优惠中。例如，企业对包括教育在内的公益性事业的捐赠扣除在一个纳税年度不能超过应税所得额的 10%，超过的部分可向以后纳税年度结转，年限为 5 年；但是，捐赠给政府在册的公益性大学或科研机构，可以超过上述限额。❶ 美国联邦个人所得税规定，个人对教会、教育机构和非盈利组织的捐赠，只要低于该纳税人调整后毛所得的 50% 就可以在一个纳税年度内扣除。另外，美国还积极运用其他税收制度对教育捐赠形成有效引导，或形成"逼迫"，使得纳税人出于经济利益的最大化而不得不向教育等公益性机构进行捐赠。例如，联邦遗产税和赠与税规定，将遗产捐赠给私立大学、宗教团体、科研机构、文化组织等，可免缴遗产税；如果没有这些捐赠，遗产税和赠与税的比例非常高，有些州高达 75%。所以，美国很多富裕阶层选择捐赠，既可以获得减免税，又可以提高个人声望。

（五）针对实物捐赠的税收优惠

美国不仅鼓励现金形式的捐赠，还鼓励以实物的形式进行捐赠。相关法律规定，个人捐赠的款物可以在个人年度应纳税所得额中扣除，限额为应纳税所得额的 50%。进行实物捐赠时，超过一定额度的实物要公立且合格的第三方评估捐赠物在捐赠时的市场公允的价值，禁止虚报价值。另外，为了严格控制实物捐赠产生的弊端，美国政府还规定一系列的防控措施，值得我国借鉴。例如，如果捐赠实物的价值超过 250 美元，受赠者须出具一份捐赠物价值的有效证明，该证明必须为制定的评估机构评估；若捐赠实物的价值超过 5000 美元，则必须向相关监管部门提供关于物品价值的详细评估书，而且禁止捐赠者、受赠者及曾经出卖该物品的第三方都充当评估人，评估人必须由当局指定。

---

❶　VICTOR THURONYI1. Rules in OECD Countries to Prevent Avoidance of Corporate Income Tax [J]. Comparative Tax Law, 2003.

二、加拿大教育税收优惠制度的规定

由于加拿大的政治结构和国家政体的设置，加拿大有关教育方面的税收优惠制度也是一种多层次的体系，主要表现在以下几个方面。

（一）开征教育税

利用教育税筹集义务教育经费，加拿大实施完全免费的 12 年义务教育，其经费由税收保证。除了给予教育事业巨大的政府投资，为保证义务教育所需经费开支，各省政府陆续开征了教育税，例如，加拿大的阿尔伯达省向居民和非居民的财产征收教育财产税，然后将所得经费其分配给辖区内的各个学区；马尼托巴省开征教育支持税，对所有除了农田以外的财产所征收的财产税，专门用于教育目的；诺瓦斯克舍省开征市政教育税，税率由省每年确定；魁北克省也征收教育税；安大略省的教育税税率由省确定，由市政当局负责征收，然后将教育税收入直接分配给各学区。❶

（二）鼓励家庭教育支出的税收优惠

对于学生因教育而产生的贷款，根据《加拿大学生贷款法典》和省学生贷款计划得到的贷款所支付的利息的 15.25%。未使用的抵免可以向后结转 5 年。此外，根据《加拿大联邦个人所得税法》（减税法案）规定，首先，符合条件的学费的 15.25%，最低抵免额为每校 100 加元，未使用的该项抵免可以无限期向后结转。其次，对于教育费用，全日制学生每月 64 加元；非全日制学生每月 16 加元；未使用的该项抵免可以无限期向后结转。对于教科书（Textbook Tax Credit），全日制学生每月 10 加元；非全日制学生每月 3 加元；未使用的该项抵免可以无限期向后结转。

（三）针对学校收入的税收优惠

加拿大税法将公办和民办学校都不视为营利单位，一律给予税收优惠，

---

❶ 陈远燕. 我国高等教育捐赠的税收激励机制探讨［J］. 税务研究，2009（10）：92 – 96.

力度非常大。税法规定，不论营利或非营利的学校均为非税单位，对学校所从事的任何商业性质的活动，除联邦的货物与消费税之外全部免税。

（四）鼓励社会捐赠的税收优惠

加拿大政府重视社会资金的有效利用，鼓励个人和社会相关利益方的教育捐赠。为捐增者提供在个人所得税法上全额扣除的税收优惠，相当于为捐赠者提供与捐资同等数额的配套资金。

（五）注册教育储蓄计划

为了消除学生接受高中以后教育的经济障碍，尤其是大学和研究生阶段的教育，加拿大政府实施了一系列的财政资助计划，其中最主要的是加拿大银行家协会推广的注册教育储蓄计划，类似于我国工商银行推出的教育储蓄，以缓解中、低收入家庭子女接受大学教育的费用负担。

三、英国教育税收优惠制度的规定

英国历来十分重视教育事业，在颁布的一系列有关税收法规中都体现了对教育的优惠政策。

（一）针对学校收入的税收优惠

英国税法规定教育机构不分公立或私立性质，都是非营利性事业，对学校的收入，无论是来自中央和地方政府的拨款，公司、企业和个人的赞助、捐款，还是通过对外提供技术咨询、技术转让、技术培训和服务性活动所得收入，只要是用于学校办学均无需纳税。❶ 学校的纯商业性活动的收入，如果同样用于学校校舍或设备的购置，都无需缴纳税收。

（二）鼓励教育捐赠的税收制度

在英国，教育捐赠的渠道多元化机制已经形成，例如，英国文化委员

---

❶ 伯顿·克拉克. 高等教育新论——多学科的研究［M］. 王承绪，徐辉，等，译. 杭州：浙江教育出版社，2000.

会提供的奖学金、皇家学会提供的奖学金、商业公司设置的奖学金，学校得到这些赠款无需纳税；同样的，捐赠的企业和单位可以根据捐赠的数额享受相应的税收优惠，在缴纳企业所得税时依法扣除。政府还鼓励个人以提供奖学金的方式捐赠，可以通过慈善机构、学校以及直接针对受益者个人的捐赠，该部分捐赠无需缴纳任何税费。

（三）公私合作关系（PPP）模式

PPP 模式是 20 世纪 90 年代在英国社会和政府间兴起的一种公共产品提供的新型模式，本质是公共部门根据社会对公共产品的需求和选择，以采购合同为工具，通过法定的招标和投标程序与私人部门合作，由私人部门提供本应由政府提供的公共产品，私人部门的开支和费用由政府财政负担。由于这一模式的政企分开、效率与公平的相结合等优越性极为突出。英国政府也将这一模式应用于教育领域，由私人部门提供教育，政府采购提供给社区，政府严格监管私人部门的活动，尤其在高等教育领域表现更加突出。对于接受委托提供"偏公共产品"教育的私人部门民办机构给予全额的财政资金扶持，全面纳入财政保障范围。❶

四、日本教育税收优惠制度的规定

日本在大力投入财政资金发展教育事业的同时，也不断采取教育税收优惠制度为教育的发展注入活力，尤其是日本比较重视对民办学校的支持力度，也是日本许多的民办高校能够跻身世界一流大学的原因。日本颁布了《民办学校振兴资助法》，详细规定了由政府向民办学校提供财政资金以及为学校提出了具有可操作性的税收优惠制度。

（一）直接扶持民办高校发展的法人税

日本法人税，与我国企业所得税相似，是指对会社的毛收入扣除税法

---

❶ WOELLNER, R, BARKOCZY, S, MURPHY, SAND EVANS, C. Australian Taxation Law［M］.（16th），Sydney：CCH, 2006.

规定相关费用之后，按照纯收益的一定比例征收的一种直接税，但将民办学校明确排除在纳税范围之外。民办学校被认为是"特别影响到公益活动的增进"的公益团体，不分公立与私立学校。法人税法规定企业对特定公益法人的捐赠，在计算法人税时可以计算在税前扣除的金额内，但根据捐款企业的规模和所得有一定的限度。❶ 消费税在征收范围上包括所有的商品和劳务以及进口的商品和劳务，但基于鼓励民办高校发展目的，学校法人从事的与收取学费、授课费、设施费等有关的劳务一律免征消费税。

（二）个人捐款的税收优惠制度

在日本可以看到，利用税收的形式对教育等公益事业的捐赠形成"倒逼"的现象。日本政府征收税率很高的遗产税，税率高达 80%，其纳税对象是纳税人继承的有经济价值的财物，以及继承人在继承开始的前 3 年里得到被继承人的生前无偿赠与，但是如果继承者在遗产继承前，捐赠给学校等公益社团的话，则捐赠部分不计入课税对象，也不征税，且没有扣除额度的限制。日本也积极实施赠与税，赠与税主要是针对自然人之间的财产赠与，但是父母对子女的用于教育开支的赠与不属于课税的范围，个人对学校等公益法人的一定额度的财产赠与不收税，且可以在计算个人所得税时，列入扣除额的范围内。

（三）针对受教育者的税收优惠

随着经济的通胀，国内民众由于物价上涨，加之负担家庭学生的教育费用，生活质量持续下降，引发国内的诸多不满，因此，日本政府也相应调整了税收优惠制度。目前影响最大的是 1996 年制定的"特定抚养家属制度"。大致内容是：在家庭内或由于监护的义务存在，对支付 16～22 岁学生的教育开支费用的家长或监护人采取了增加个人所得税费用扣除额的规定，所得税扣除额为每人每年 10 万日元，居民税扣除额每人每年 5 万日元。❷

---

❶❷ 叶俊. 中日私立高校税收政策比较研究［J］. 会计之友，2011（1）.

五、国外教育税收优惠制度的评述

纵观以上各发达国家促进教育发展的税收及税收优惠制度，虽然形式和制度内容各异，偏好也有所不同，但都是基于促进教育发展，鼓励民众接受教育为目的，我们可以从中总结出一些具有共性的制度，大致归纳如下。

（一）开征教育税

教育的成本主要由政府财政负担，除了财政拨款之外，其最佳筹集方式是征收教育税。教育税被看做是一种特定的目的税，税收收入用于实现事先规定的特定目的，不能挪作他用，具有专款专用的性质。这样一来，既可以保障教育事业的发展多了一笔稳定可靠的资金支持，相当于政府对教育事业的再次投入，且目的明确，民众也不会太多反感，具有稳定性和权威性。

（二）公办与民办院校一视同仁

总体看，发达国家并未出台专门针对公立或私立高等院校的特殊制度，国家和社会的基本观点是对公、私立院校平等对待。国家和社会不会戴着有色眼镜看待民办或私立学校，将其视为异类。政府所营造的平等环境保证了私立教育的健康、持续发展，弥补了公办学校的不足，带动了公办学校的高回应性和灵活性。在具体操作上对民办教育给予细分：非营利性的民办学校享受和公办学校完全相同的财政税收制度；使要求合理回报的民办学校享受广泛且可靠的税收优惠制度。

（三）给予受教育者直接税收优惠制度

教育发展的投入对任何一个国家来说，都是一笔巨大的开支，完全由政府承担并不是明智之举，即使像美国和日本这样经济发达的国家也难以承受不断增加的教育成本，何况数量众多的发展中国家。此外，将财政资金投入教育机构提供者，增加了其中的中间环节，加之制度上的漏洞可能会产生教育经费的滥用和不完全利用，减少财政投入最终投入，造成财政性教育资金的不正当流失。如果直接针对受教育者提供财政性教育资金或者给予受教育者税收优惠，不仅使其直接受益，又可减少中间环节，防止教育资源的不正当的流失。

（四）鼓励教育捐赠

社会是教育最终的受益者，社会对教育的捐赠理应是教育经费的重要来源。相应的，各国都在企业所得税、个人所得税、遗产税和赠与税等法律规范中规定对教育捐赠的税收优惠，鼓励社会和国家一起分担教育事业的成本。可以避免学校对政府财政资金的过度依赖，迫使其积极进行内部改革，努力提高办学质量和水平，面向社会多方筹集办学资金。

（五）鼓励学校自筹经费

高层次教育模式尤其是高等教育，需要学校自筹部分资金，比如说学校收取的学费或杂费等，都是为了弥补学校运行过程中的经费不足。但收取学费不可能使得学校满足全部开支，还需要其他途径为学校积累教育资金。学校通过向社会提供服务、技术转让等也能增加教育经费来源。对这部分资金给予税收优惠，不仅提高学校积极性，而且促进产学研的有效结合，减轻政府的负担。

第四节

构建我国高等教育税收优惠体系

早在 1993 年中共中央和国务院颁布的《纲要》中就提出这样一个目标：到 2000 年末，财政性教育经费占 GDP 的比例应达到 4%。为了推动教育事业科学发展，我国政府保证 2012 年财政性教育经费支出占国内生产总值比重达到 4%，并实现了这一目标。在我国教育财政性资金投入不高的背景下，我们必须整合现有教育优惠制度，为教育资金的筹集开源节流。由于我国目前没有单独的教育税体系，教育类税收综合机制还没有形成，税收保障教育财政资源的作用亟待加强。

我国的《国家中长期教育改革和发展规划纲要（2010—2020 年)》也提出，社会投入是教育投入的重要组成部分。应完善财政、税收、金融和土地等优惠制度，鼓励和引导社会力量捐资助学、出资办学。鉴于我国教育税收优惠机制运行的历史和现实，构建教育税收优惠制度要充分考虑税收对于财政教育支出的互补和替代性，尤其重视教育税收优惠制度在教育领域的层次配置。我国众多庞杂的教育税收优惠制度，由于可操作性不强，强制力差，执行起来有很大的弹性空间，难免"上有制度、下有对策"，充斥着不稳定性。所以，税收优惠制度过多不一定就是好事。

目前需要整合零散的教育税收优惠规范，尽量使其对象化，以提高教育各参与方的能动性，根据教育提供者、教育接受者、相关收益方三个维度构建我国教育税收及优惠体系，而那些无法纳入体系的单独的税收优惠制度仍可以继续适用。为促进我国高等教育的发展，笔者的具体设想是：第一，开征教育税，制定《教育税法》，该项专款按一定比例抽取投入到高等教育领域。虽然教育税不是本文论述重点，但为了保持教育税收机制的体系性，笔者在此简单地给予介绍；第二，在《民办教育促进法》中重新定位和细化民办高等教育的税收优惠的公平待遇，给予非营利性民办高等教育和公办高等教育同等待遇，给予营利性民办高等教育一定税收优惠；第三，改革我国个人所得税制度，完善个税扣除项目的相关规定，在《个人所得税法》中给予受教育者直接有力的扶持；第四，大力推进《公益事业捐赠法》中高等教育捐赠的规范改革，在税收激励层面上深入挖掘；第五，修订我国关于教育储蓄的税收优惠；第六，清理高等学校举办的校办企业税收优惠，重新给予校办企业在税收上的合理优惠。

一、开征教育税

教育税是指为了弥补教育经费的严重短缺，保障教育事业稳定发展而设定的，依照法定的税率和纳税环节强制地无偿地固定地征收货币并专项用于教育投入的特定税种。开征教育税取代当前各种名目的教育费附加以及类似的项目，有利于教育经费来源的稳定。教育税是一种特定的目的税，具有特定用途的税收，税收收入用于实现事先规定的特定目的，不能挪作他用，具有专款专用的性质。将政府征收的教育税给予高等教育一定的分配比例，教育税用于高等教育事业的发展，弥补高等教育经费的严重不足，目的非常明确，专款专用，属于特殊目的税，可以减少实践中对教育附加费用的随意挪用。

二、放宽民办高等教育的税收优惠政策

促进民办高等教育的发展可以在一定程度上弥补公共教育支出的不足，而税收政策是促进民办高等教育发展的重要手段，可以很好地引导社会资金进入高等教育领域。就税收政策来看，在健全非营利组织管理的基础上，对民办高等学校以分类管理，给予非营利性民办高等教育和公办高等教育同等待遇，给予营利性民办高等教育一定税收优惠。

三、对接受高等教育者直接税收优惠

笔者建议在未来个人所得税改革中，将个人或家庭高等教育支出实行据实扣除和限额扣除相结合。这样可以在以家庭为单位鼓励高等教育投入的基础上，实现调节收入分配的政策目标，有效促进高等教育事业的发展。

四、规范高等教育捐赠税收优惠政策，完善捐赠教育激励机制

加大对高等教育捐赠税收优惠力度，严格按照税收法律立法程序对教育捐赠税收优惠政策加以规范清理，明确高等教育捐赠税收优惠政策。从长期看，进一步加大对个人和企业教育捐赠的税收优惠力度。《国家中长期教育改革和发展规划纲要 （2010—2020 年)》也明确指出要积极落实个人教育捐赠支出在所得税前全额扣除政策。

五、修订我国关于教育储蓄的税收优惠

现行的教育储蓄与同类别或相近类别的储蓄种类之间的利差已经很小，尤其是暂免征收个人利息所得税政策出台后，这样的利差优惠已经较难吸引教育储蓄潜在用户的眼球了。从总体上看，目前我国教育储蓄虽然发展基本已经停滞了，但是我们必须重视它在积累教育资金，促进科教兴国战略方面的重要作用。通过采取适当有力的措施，使教育储蓄重现活力。

六、清理校办企业税收优惠，重新给予校办企业在税收上的合理优惠

依照所得税法及有关政策的规定，现有的校办企业可以分为正常纳税企业和享受税收优惠的企业两大类。现阶段主要的任务在于清理校办企业税收优惠政策，以增加财政资金的方式支持教育事业发展。

第六章

开征教育税

　　教育是立民立国的基础，大力发展教育对增强我国国民素质和提高国际竞争力具有全局性、基础性和先导性的作用。改革开放三十多年来，我国教育事业取得了辉煌的成就，但与此同时，教育的发展又面临着许许多多亟须解决的问题，其中教育财政性经费的不足依然是制约我国教育进一步发展的最主要"瓶颈"和障碍。显然，为了教育事业的长久发展，必须加大对教育的财政性资金的支持力度已经是全社会的共识。多年来，尽管中国财政性教育经费确在逐年较快增长，但始终无法满足全社会对教育的"井喷式"的需求。早在1993年中共中央和国务院公布的《中国教育改革和发展纲要》中就明确提出了，逐步提高国家财政性教育经费支出占国民生产总值的比例，在20世纪末达到4%。然而，这一并不算宏大的目标直到2012年才得以实现。在1993年到2012年间，特别是2005年全国经济普查使GDP存量多出2.3万亿元，相反，财政性教育经费占GDP比例在2004年却下降为2.79%，处于低收入国家水平，远远低于同期4.4%的世界平均水平。我国实行的教育税收优惠政策对促进教育事业的发展起到了一定的作用，但需要注意的是，税收优惠政策只是促进教育事业发展的辅助措施，从根本上解决教育事业发展问题，需要从加大财政投入着手。虽然财政性教育经费支出已达到国内生产总值的4%，这也并不能就此改善我国教育供给与需求之间的矛盾。我们必须在现有体制内寻求能够给予教育持续性发展以保障的合理有效的机制。我们建议可以对我国当前的教育费附加等一些教育收费进行优化，使其升格为教育税。

第一节

我国教育行政收费的现状

　　早在20世纪80年代，我国农村要在绝大部分地区基本普及小学教育，在经济条件较好的地区有计划的普及初中教育，同时要大力举办学前教育，积极发展技术教育。由于面临经费不足，中小学教师待遇偏低等问题，除国家拨给教育经费外，乡人民政府可以征收教育事业费附加，这些经费实行专款专用，任何单位不得挪用和平调，这项收入取之于乡，用之于乡。1984年12月13日国务院发布《国务院关于筹措农村学校办学经费的通知》（国发〔1984〕174号文），其中规定乡政府对于农业、乡镇企业都要征收教育事业费附加，可以按销售收入或者其他办法，但不要按人头、地亩征收。附加率可高可低，贫困地区可以免征。由于各地经济不平衡，教育事业发展也不平衡，因此各地教育事业费附加率和计征办法不要求统一，可由乡政府根据经济发展情况、群众承受能力和发展教育事业的需要提出意见，报请乡人民代表大会讨论通过后，报上一级人民政府批准实施。但是后来，实践中，一些地方把农村教育费附加的征收作为减轻农民负担的一项内容予以取消或者暂停执行，国务院于1993年9月17日发布《国务院办公厅关于纠正一些地方取消农村教育费附加的通知》（国办函〔1993〕78号文），明确指出农村教育费附加是国家法定征收的，各地方要足额征收。为加快发展地方教育事业，扩大地方教育经费的资金来源，1986年4月28日，国务院发布《征收教育费附加的暂行规定》（国发〔1986〕50号文），规定从1986年7月1日起开始征收教育费附加，当年教育费附加的征收率为2%，教育费附加专款用于教育事业的发展。此后，该《暂行规定》经1990年6月7日国务院令第60号以及2005年8月20日国务院令第448号修改，现规定教育费附加，以各单位和个人实际缴纳的增值税、消费税和营业税的税额为计征依据，征收率为3%，与增值税、消费税和营业税同时缴纳。除国务院另有规定外，任何地区、部门不得擅自提高或者降低教育费附加征收率。与此同时，2010年10月，为进一步统一税制、公平税负，创造平等竞争的外部环境，国务院决定统一内外资企业的教育费附加制度，规定自2010年12月1日起，外商投资企业、外国企业以及外籍个人适用1986年发布的《征收教育费附加的暂行规定》。此外，在2010年之前，各省、自治区和直辖市根据本地实际情况自行决定是否开征地方教育附加。此项所得收入全额纳入财政实行"收支两条线"管理，按照"以收定支、专款专用"的原则，合理安排预算。但是，中央对地方的教育附加并未强制性做统一，根据实际考察，即使是已经开征地方教育附加的省、自治区和直辖市的征收标准也不尽统一，征收率为1%或2%不等，且开征时间也不尽相同。例如，浙江温州2006年7月就开

征，广东省则在 2010 年才开征。为了贯彻落实《国家中长期教育改革和发
展规划纲要（2010—2020 年)》，进一步规范和拓宽财政性教育经费筹资渠
道，支持地方教育事业的发展，财政部在 2010 年 11 月 18 日发布的《关于统
一地方教育附加政策有关问题的通知》，要求尚未开征地方教育附加的省份，
省级财政部门应当按照《教育法》的规定，根据本地区实际情况尽快研究制
定开征地方教育附加的方案，报省级人民政府同意后，由省级人民政府于
2010 年 12 月 31 日前报财政部审批。地方教育附加征收标准为单位和个人
（包括外商投资企业、外国企业和外籍个人）实际缴纳的增值税、营业税和
消费税税额的 2%，已经财政部审批且征收标准低于 2% 的省份，应当将标准
调整为 2%。各地方应当严格按照《教育法》和财政部的规定，采取有效措
施，切实加强地方教育附加征收，不得从地方教育附加中提取或者列支征收
或者代征手续费。我国教育经费尤其是义务教育经费大部分来自于财政拨
款，教育收费已成为财政预算拨款之外的第二大财政性教育经费来源。20 世
纪 90 年代以来，教育附加征收数量在总的趋势上呈现逐年递增的状态，教
育费附加征收额从 1991 年的 28.01 亿元增至 2006 年的 426.8 亿元，增加了
14.2 倍。教育附加占预算外经费中的比重逐年上升，由 1991 年的 18% 上升
到 2006 年的 77%。❶

第二节
开征教育税的可行性分析

一、教育附加的税法特性

目前，我国在教育收费上主要存在三种形式的收费，即中央层面的教

---

❶ 谢崇科. 关于教育费附加的税收特征思考 [J]. 财税金融，2007（9）：34.

育费附加、地方教育附加和农村教育事业费附加，为便于下文阐述我们将教育费附加、地方教育附加和农村教育事业费附加统称为教育附加。教育附加在性质上属于行政收费，即中央或地方政府因提供公共服务而向直接受益者收取的费用，它属于非税收入。但我们认为，教育附加是为了满足一般的社会共同需要，按照国家法律规定的标准执行，具有税收的固定性、无偿性和强制性的特点，又由税务机关负责征收，完全可以升格为一个独立的税种。

（一）固定性

如前所述，目前与教育有关的规费包括教育费附加、地方教育附加以及在农村依据《国务院关于筹措农村学校办学经费的通知》征收的教育事业费附加，这些规定都是依据行政法规或者规章，具有法定性，不容许随意变更。根据相关规定，教育费附加和地方教育附加的征收对象的标准可以清晰地界定，即实际缴纳的增值税、消费税和营业税的组织和个人，在实践中不会产生歧义。此外，征收标准也很明确，中央的教育费附加为三税税额的3%，地方教育附加为三税税额的2%，操作简便。而农村的教育事业费附加的征收对象虽然没有全国范围的一致统一，具体到各地方都会有所不同，但也可以依据纲领性规定可以明确的是教育事业费附加不可能在各地方截然不同的，教育事业费附加也不会突破此限度，即对于农业、乡镇企业都要征收教育事业费附加，可以按销售收入或者其他办法。所以，教育附加具有固定性。

（二）强制性

为加快发展地方教育事业，扩大地方教育经费的资金来源，教育附加是国家法定征收的，各地方要足额征收。如前述，在实践中，一些地方把农村教育费附加的征收作为减轻农民负担的一项内容予以取消或者暂停执行，国务院于1993年9月17日发布《国务院办公厅关于纠正一些地方取消农村教育费附加的通知》，明确指出农村教育费附加是国家法定征收的，各地方要足额征收。1994年，国务院发布的《关于教育费附加征收问题的紧急通知》（国发明电〔1994〕2号）规定，以各单位和个人实际缴纳的增值税、营业税、消费税的税额为计征依据，附加率为 3%，与以上三类流转税同时缴纳。这都表明教育费附加所具有的强制性，不缴纳教育附加不仅会征收滞纳金，还会受到行政处罚甚至刑事处罚。

（三）无偿性

教育附加是依法征收的，国家在此过程中不必支付任何对价，国家无偿地参与到国民收入的再分配过程中。加之国家要求各地方必须依法足额征收相关教育附加，不得以减轻社会负担擅自进行减免，彰显了教育附加的无偿性。

（四）由税务机关负责征收

我国自 1994 年实行分税制的财政管理体制后，确立了教育费附加由地方税务局征收的制度。《教育法》第 57 条也规定了税务机关依法足额征收教育费附加，由教育行政部门统筹管理，主要用于实施义务教育。人们普遍认为，只有税款才应由税务机关负责征收，因此，教育费附加、地方教育附加以及农村的教育事业费附加由税务机关征收，使其具有了税收的表现形式。

教育附加自颁行以来给公众一种税收的印象，而这种印象是教育附加与生俱来的税收特性所决定的。教育附加具有无偿性，向受益者收取的代价并不给予报酬，具有无偿性；教育附加具有固定性，征收对象具有标准可以依循，相对稳定，具有固定性；由于不缴纳教育附加将会受到处罚，使其具有税收的强制性；教育附加由税务机关进行征收，具有税收的表现形式。所以，我们认为可以比照城市维护建设税的征收而开征教育税。

二、我国教育附加存在的问题

自教育费附加陆续开征以来，其征收额逐年增加，已在财政性教育经费中占有一席之地，成为教育经费的重要来源，更加丰富了教育事业的物质基础。教育附加在我国教育事业发展方面所起到的作用是不容忽视的，但随着经济的发展与教育事业的扩大，其问题也逐渐暴露出来，完全有必要进行优化整合。

（一）教育费附加立法较为混乱

《教育法》第 57 条第 2 款规定，省、自治区、直辖市人民政府根据国务院的有关规定，可以决定开征用于教育的地方附加费，专款专用。《教育法》是 1995 年 3 月 18 日第八届全国人民代表大会第三次会通过的，是最高立法机关所立之法，其赋予了省级政府根据国务院相关规定而决定是否开征地方教育附加的权限，但我们注意到法条的措辞为"可以"而非"应当"。财政部在 2010 年 11 月 17 日发布的《关于统一地方教育附加政策有关问题的通知》，要求尚未开征地方教育附加的省份，省级财政部门应当按照《教育法》的规定，根据本地区实际情况尽快研究制定开征地方教育附加的方案，这与《教育法》的规定并不一致。此外，教育费附加，地方教育附加，农村教育费附加的征收分别由不同的规范性文件加以调整，不仅立法层级较低，而且各规范之间难免发生冲突，如果开征教育税，将这三类教育附加统一为教育税，提高教育税的立法层级，这种立法混乱的局面可以合理解决。

（二）教育附加存在地区差异

以教育费附加为例，据《中国教育经费统计年鉴 2005—2006 年》，征收教育费附加最高的地区是江苏省，达到 34.13 亿元；而最低的是西藏自治区，仅有 0.23 亿元，相差 148 倍，在此基础上而产生的教育投入，也会因地区不同而产生天壤之别，导致我国教育资源的分配存在严重的地区差异和城乡差异，如此之大的地区差异显然有悖社会的公平与正义。之所以产生这一现象是由于教育费附加是与各个地区的增值税、营业税和消费税这三税紧密联系在一起的。教育费附加，是国家为扶持教育事业发展，计征用于教育的政府性基金，以各单位和个人实际缴纳的增值税、营业税、消费税的税额为计征依据，教育费附加率为 3%，与增值税、营业税和消费税同时缴纳。征收后的教育基金再由各地区各自为政，自由支配，那当然加剧了各地教育领域的"贫富差距"。

（三）教育附加存在被挪用现象

国家审计署 2004 年 6 月 18 日公布的关于《50 个县基础教育经费审计调查结果》显示，43 个县地方政府及财政、税务、教育主管部门和中小学校挤占、挪用、滞留各类教育资金 4.45 亿元。其中，20 个县挤占挪用教育附加 1.2 亿元，用于办公经费、平衡预算、发放工资、垫缴农业税等；16 个县的财税部门从教育附加中提取手续费等 964 万元。教育附加之所以会被随意挤占，还是在于教育附加只是作为一般的行政收费，它不是法定税种，缺乏应有的独立性和法律上的权威性，即使有专用基金的性质，具有灵活性、补偿性和适度强制性的特点，也很容易被强势的政府部门"无权处分"。我们认为，如果教育附加改为教育税，不仅可以配合税费改革，而且阻力也会很小，毕竟教育费附加已经征收多年，已为开征教育税打下了一定基础。通过税收的法律形式，既可以增加教育投入，保障教育经费来源，合理配置教育资源，增强政府对教育的宏观调控能力，又可以提高人们对教育投资的参与意识，以及对教育的关注程度，从而促进教育事业的进一步发展。

（四）教育附加存在征收困难

教育附加由税务机关征收，征收依据是增值税、消费税和营业税，缺乏独立性。根据《中国统计年鉴》的数据，教育附加征收率平均在 60%~70% 之间，有的地方仅完成 30% 或 50%，难以保证资金的及时、足额入库。这在一定程度表明，政府宏观调控教育能力有所弱化，很不利于促进教育公平。由于 1994 年实行分税制改革后，消费税属于中央税种，由国家税务部门征收；营业税属于地方税种，由地方税务部门征收；增值税属于中央和地方共享税，由国家税务部门征收。教育附加是由地方税务部门征收的，但其大部分取决于国税机关征收的增值税和消费税。如果国税与地税配合不好，信息沟通渠道不畅，则很容易导致教育附加的流失，易导致教育性收费征缴力度不足，实际征收额低于法定征收额。目前开征的城市教育费附加、农村教育费附加和地方教育费附加，虽带有一定程度的强制性，但毕竟不是税，实际征收工作中征收部门往往是先保税后才收费，缴纳单位一般情况下也是重税轻费，使得上述三项附加难以做到足额征收。

综上所述，通过分析教育附加本身存在的问题，我们可以得出开征教育税取代当前各种名目的教育附加的结论便显得更加理性化。应该说，开征教育税是解决教育投入不足问题的一条有效途径。特别是国家财政收入不可能在短期内超常增加、支出结构不能在近期内调整到位的情况下，开征用于教育的专门税，增加财政性教育经费来源，从而提高财政性教育经费支出占国民生产总值的比例，应是促进教育发展的一项有效措施。

第三节

国外开征教育税的经验与评析

纵观世界各国的教育经费，主要都是由政府拨款来解决的，而不少国家政府拨款又主要靠税收。这是因为，凡公共事业的经费应由政府财政负责，政府财政又主要来自税收，因此，教育经费应该主要依赖于税收。对于取得公共教育经费的经济方式，主要有三种类型：一种是独立开征教育税，将教育财政与一般财政分开，这也是所谓的教育财政独立制，例如韩国；第二种是从一般财政中划拨一部分作为教育经费，不开征教育的专门税种，教育经费是从属于一般财政制度；第三种是将教育税与一般财政相结合，例如美国。

一、美国

美国的教育经费基本上由联邦政府、州和地方拨款，其中以州和地方提供经费为主。这些教育拨款大多来自政府预算，也就是政府收入所依赖的各项税收收入。美国的教育税收独立，主要有两种形式：一是划定某一种或几种税用于教育支出。20 世纪 90 年代初，美国至少有 28 个州划定某一项税收专门用于教育支出。其中，指定总销售税用于教育的有 7 个州，指定解雇税用于教育的有 7 个州，指定烟草税用于教育的有 7 个州。二是开征专门的教育税。为了弥补地方教育经费的不足，解决部分教育资金来源，俄亥俄州等还开征了教育专门税——学区所得税（School District Income Tax）。学区（School District）是由各州立法机构所设立的一定地域居民区中的教育管理机构，具有独立征收教育税的权利。学区所得税是各州为解决教育经费而征收的以所得额为税基的专门税。1981 年，俄亥俄州开始征收学区所得税。学区所得税的纳税主体是居住在该学区的公民，不包括公司和在该学区工作的公民，缴纳方式是由个人填写年度申报表和雇主代扣。目前，美国拥有学区所得税的州包括俄亥俄州、宾夕法尼亚州、爱荷华州、肯塔基州、密歇根州等。除此之外，联邦政府还根据宪法颁布了一系列与教育财政投入相关的法案以保证教育经费的投入。例如，仅1957 ~ 1958 年间，美国第 85 届国会的议员们就提交了多达约 1500 份关系到教育问题的议案，国会通过了至少 80 项涉及教育的法案。从 20 世纪 50年代起，联邦政府颁布了大量涉及教育财政投入的法律，1958 年的《国防教育法》、1965 年的《初等和中等教育法》、1965 年出台的《中小学教育法案》、1965 年的《高等教育法》、1963 年《职业教育法案》、1968 年的《教育总则法》、1974 年的《特殊教育项目法》、1975 年的《先行起步——继续坚持法》、1975 年和 1990 年的《残疾儿童教育法案》、1979 年的《教育部组织法》、1984 年《卡尔—帕金斯职业教育法案》等著名的法律法规就有几十项。随着教育立法的增加，联邦政府对教育投资的拨款得到保证。

二、韩国

税收因其固定性、强制性和无偿性的特点，是财政收入稳定可靠的重要来源。韩国的教育经费便是主要靠税收来保证。韩国在 1949 年 12 月 31 日颁布的《教育法》中明确规定，政府将制定相关法律，将户口税附加、特别税种等作为初、中等教育的财政经费；1951 年制定的《临时土地所得税法》规定，将国税征收的所得税作为初、中等教育的财政经费；为顺应初中教育迅速发展的趋势，确保中等教育的财源，1963 年 12 月 5 日韩国公布《地方教育交付税法》，法律明确规定入场税额的 40% 和马格丽酒税额的 42% 作为地方教育交付税。❶ 1971 年末公布《地方教育财政交付金法》，将《义务教育财政交付金法》和《地方教育税法》相结合。为了进一步满足教育事业发展所需要的财政支出，韩国于 1958 年制定《教育税法》，设立教育税，但在 1961 年废除该法。该法把教育税作为独立税和目的税，由主管地方教育的教育委员会负责征收。教育税由国税和地方税两部分组成。国税部分教育税的课征对象主要包括不动产所得、红利、转让所得、事业所得、劳动所得等；地方税部分教育税的课征对象主要包括劳动所得和劳动之外所得，税率分别为 2% 和 5%。1980 年 12 月 1 日韩国国会通过《教育税法》，采取多种形式向纳税者按不同比例征税。从 1982 年开始，韩国对银行和保险公司总收入征 0.5% 的教育税，大部分税务专家认为所有独立提供的行业服务，如医生、法律、会计和建筑师所提供的服务都应征税。1986 年建立"企业教育发展基金"，政府规定企业必须为每月工薪低于 1000 韩元的员工向政府缴纳相当于其工薪 5% 的金额作为该项基金，基金主要用于资助工薪低、只具有初中文化或初级技术水平的员工参加政府组织的企业教育和培训活动。1992 年，对利息和红利收入征税的税率分别是 5%、10%、20%（包括国防及教育附加费和居住税）。原订征收到 1986 年 12 月 31 日，但实际上延期到 1991 年 12 月 31 日。由于 1990 年 12 月韩国取消了防卫税，再次对《教育税法》进行了修订，从 1991 年

---

❶ 玛格丽酒是韩国对于大米酿造的低价酒的称谓，又称为"平民酒"。

1月1日起，教育税成为一种永久性的固定的中央税。韩国的教育税属于法定预算性质，根据不同比例采取多种形式向纳税者征税，筹集教育专项资金。韩国规定了几类中央税和地方税收收入中用于教育的比例，并将所有教育税收入划归国税收入，单独列入中央预算，然后依据各地方政府不同的标准财政需要和标准财政收入，以转入教育税"地方让与金"的方式拨付给地方教育行政部门，让地方政府用于教育机关及教育行政机关的设置及其运营活动。《教育税法》《教育税法实施法令》《地方教育让与金法》《特别消费税法》等均适用于教育税。韩国教育税法律制度的基本框架，主要包括纳税人、免征所得额、税基和税率、纳税期及申报和缴纳。第一，韩国教育税的纳税人主要包括：①按照《所得税法》规定对利息、股息所得负担10%最终预提所得税的纳税人。但是，在韩国境内没有营业场所的非居民不缴纳教育税。②除"Takju""Yakju"和"Soju"三种类型酒外的酒税纳税人。❶ ③烟草生产经营和进口者。④在韩国境内从事金融、保险业者。第二，韩国教育税关于免征所得额的具体规定如下：①根据《减免税控制法》《税收条例》和其他税收法规规定可以享受零税、免税或减税优惠的利息、股利收入，可免征教育税。②下列生产经营烟草者免征教育税：生产供出口用烟草；每盒香烟卖（缴纳教育税前）低于280元的。③从事金融、保险业者的以下收入可免于缴纳教育税：来源于韩国国家储蓄机构的利息收入；来源于投资公共福利信托基金之财产的利润。第三，韩国教育税的税基和税率相关规定如下：①利息、股利所得税纳税人，以《所得税法》中所规定的适用10%最终预提所得税的利息和股利收入为税基，其税率是5%。②酒税纳税人，以《酒税法》中规定的应纳酒税额为税基，其税率是10%。③烟草经营者，以烟草销售价格为税基，其税率是10%。④在韩国境内从事金融保险业务者，以毛所得为税基，税率是0.5%。❷ 第四，韩国教育税的纳税期共

---

❶ "Takju""Yakju"和"Soju"分别指酒精含量为8℃、11℃或16℃的葡萄酒、甜酒和酒精含量为20℃、25℃或30℃的蒸馏、勾兑白酒。

❷ 来源于韩国境内的毛所得包括以下内容：利息、股利、佣金、抵押担保金、证券交易自然增值利润、保险费收入、外汇交易溢利、租金、固定资产转让利润、证券重估利润、其他营业收入和营业外收入。

分为四个，每一个季度为一个纳税期，即分别为：1月1日至3月31日，4月1日至6月30日，7月1日至9月30日，10月1日至12月31日。第五，韩国教育税申报和缴纳的具体规定主要有：①利息、股息收入的教育税，任何支付利息或股息收入的单位和个人必须扣缴5%教育税并在次月10日内上缴当地税务机关。②酒税纳税者的教育税，酒税纳税人在申报和缴纳酒税同时必须申报缴纳教育税。③烟草经营者的教育税，烟草出售次月20日内应立即向当地税务机关申报缴纳教育税。④金融、保险业者的教育税，从事金融、保险业者必须填写教育税申报表，缴纳教育税。❶

三、加拿大

加拿大实行完全免费的12年义务教育。公立学校的学生不需要向学校缴纳任何费用，甚至课本费也无需缴纳；就私立学校而言，政府也对其提供35%～50%的资助。加拿大的义务教育经费也主要依靠政府财政收入中的税收收入，具体而言，是由联邦政府征收的所得税、省政府征收的教育税和市政府征收的地产税构成。加拿大的阿尔伯塔省向居民和非居民的财产征收教育财产税，然后将其分配给学区；曼尼托巴省开征教育支持课征，为指定用途税，专门用于教育目的，是一种针对所有除了农田以外的财产所征收的财产税；诺瓦斯科舍省开征市政教育税，税率由省每年确定；魁北克省也征收教育税；安大略省的教育税税率由省确定，由市政当局负责征收，然后将教育税收入直接分配给各学区。❷ 加拿大有关教育方面的税收制度是一种多层次的体系，主要表现在：一方面，为保障义务教育所需经费的来源，政府设立并开征了教育税。目前，教育税已经成为加拿大义务教育经费的重要来源。教育税是一种财产税，在全国内实行有差别税率，其税率主要由各省政府根据本省人们生活水平与教育需求状况来

---

❶ 刘建发. 韩国教育财政投入的法制保障经验及其启示 [J]. 经济理论研究，2005 (11)：110－112.

❷ 魏建国. 努力扩大教育投资资源 [J]. 中国高等教育，2009 (12)：17－18.

确定。另一方面，为促进教育投入和发展，加拿大还制定了大量的税收优惠制度。第一，鼓励家庭增加教育支出的税收政策。针对学生家庭，政府实施了学费税收计划、教育税减免计划和注册教育储蓄计划等，利用税收优惠政策鼓励家庭对其成员增加教育投资。学费税收计划是指享受该计划的学生拥有从应税收入中扣除相当于其学费 1/4 的减税权利，这种权利可让渡给夫妻、父母、祖父母，扣除额最多不超过 4000 加亿元。教育税减免计划是指全日制大学生在册期间每月可获得 13.6 加元的税收减免。注册教育储蓄计划是指父母为子女教育储蓄的利息免税。第二，规定学校为非税单位，对学校所从事商业活动，除货物与消费税（联邦税）外全部免税。第三，鼓励社会捐赠教育。鼓励私人及社会各方面教育捐赠，不仅为捐赠者提供税收上的优惠政策，且提供与捐资同等数额的配套资金。

四、法国

法国义务教育经费主要是由中央财政和省、市镇两级地方财政负担，依然主要依赖于税收收入。中央政府对教育的投入来自税收，包括所得税、销售税、公司税等多达几十个税种；省和市镇两级地方政府对教育的投入主要来源于地方税，包括地方直接税和地方间接税两类。与此同时，为了发展职业技术教育，解决部分技术教育的经费，法国开征了"学徒税"和"成人职业培训税"。法国的"学徒税"可以追溯到 1925 年。1925年以后，政府向企业征收"学徒税"，并在每年的政府财政法令中规定税率。法国 1971 年通过的《终身教育法》规定："凡雇员超过 10 人的企业主必须拿出工资总额的 1.1% 以上作为继续教育的费用。"1976 年又将此比例上升到 2%，对办学和接纳学徒的企业，减免"成人职业培训税"和学徒税。学徒税和"成人职业培训税"均是按上年职工工资总额为基数征收，其中，学徒税税率为 0.5%，主要用于公司内部的学徒培训，或者捐给技术教育单位和国库；"成人职业培训税"税率为 1.5%（适用于公司设在法国的年平均雇佣 10 人以上的企业主）和 0.25%（适用于公司设在法国的年平均雇佣 10 人以下的企业主）。

五、尼日利亚、新加坡及印度

尼日利亚早在 1993 年就开征了教育税，尼日利亚的教育税，对国家教育的普及和提升产生了重要作用。尼日利亚 1993 年第 7 号《教育法》规定，所有在尼日利亚注册的企业和公司要缴纳应税利润 2% 的教育税，同时规定非尼日利亚当地注册的企业和公司可以不予缴纳教育税。●

新加坡 1988 年向所有企业征收教育补助金，金额相当于企业应付职工薪金总额的 1%。

印度《财政法》规定，对征收消费税的商品、进口商品以及应税服务征收教育税，用于实现政府承诺，为基础教育提供财政支持。

韩国、美国、加拿大以及法国等国家所采用的教育税具体制度虽然各不相同，但其对弥补教育资金的不足，完善公共教育系统，提高国民整体素质，发展教育事业有积极的作用。面对教育经费短缺的问题，我国一直采用普通税收和征收教育费附加相结合的形式来筹措教育经费，但仍然未能有效地解决教育经费问题。所以，我国应借鉴韩国、美国、加拿大和法国的经验，将"城市教育费附加、农村教育事业费附加、地方教育发展费"等各种教育性收费改征教育税，提高其法律地位以解决目前在征收过程中的随意性，确保教育经费的足额征收和教育事业发展的需要。

第一，确定教育税的性质为中央和地方的共享税。税收收入的归属主要有三种模式，即地方税、中央税和中央与地方共享税。韩国的教育税从 1991 年 1 月 1 日起确定为一种永久性的固定的中央税。韩国的教育税有效地保证了该国教育经费来源的稳定性，并且自开征以来，在短短的 20 年里普及了中等教育事业，提高了高等教育的接受比重。由此可见，作为中央税，便于中央政府统一调控，根据各地方财政需要和财政收入的不同转入教育税，支持教育事业的发展和教育资源的投入。一般而言，根据中央税与地方税的划分标准，地方税应该是具有非流动性且分布较均匀，不具有

● GodfreyJohn. Education Tax Break Vote Canceled ［J］. CQ Weekly, 2002（60）: 2372.

再分配和宏观调控性质，税负难以转嫁性质的税种。因此，无论是从韩国实践经验的角度看，还是从理论分析的角度看，教育税宜设置为中央税。但是，我国目前地方税种收入零星，为了调动地方政府的积极性，适宜将教育税确定为中央与地方共享税，由中央财政集中教育税收入用于支持和稳定教育事业的发展。

第二，确定宽范围的教育税纳税主体和课税对象。从纳税主体来看，美国、韩国、加拿大和法国教育税法律制度中的纳税人范围都比较宽。韩国教育税的纳税主体，不只局限于国内纳税人，还包括跨国纳税人。美国的学区所得税是以所得额为税基的独立的教育税种，其纳税主体是居住在该学区的公民。加拿大的教育财产税是对个人财产课征教育税，纳税主体范围极其宽泛。法国"培训税"和"学徒税"的纳税主体是设在法国境内的公司企业。从课税对象来看，韩国教育税的课税对象不仅涉及商品流通环节的销售和营业收入，还包括对所得的课税。美国学区所得税是以所得额为课税对象的。加拿大教育财产税以个人财产为课税对象。而法国"培训税"和"学徒税"是以上一年职工工资总额为课税对象。我国现行教育费附加的纳税人局限性较大，仅指国内纳税人，而其课税对象也只限于商品流通环节。综合该四国的经验，我国教育税应该确定宽范围的纳税主体和课税对象。

第三，根据不同的课税对象确定教育税的税率。我国教育费附加是在增值税、消费税和营业税的基础上附加征收，征收率统一确定为 3%。但是上述四国的做法却完全不同。韩国教育税的税率因课税对象不同而有所变化，税率从最低 0.5% 到最高 10%，档次差距较大。加拿大教育财产税在全国范围内实行有差别的税率，其税率根据各省社会财产情况和教育需求状况而确定，这样有利于更好地平衡地区差异，实现公平税负。法国"培训税"的税率也因企业年平均雇佣人数不同而有所差别，年平均雇佣人数在 10 人以上的，税率是 1.5%；年平均雇佣人数在 10 人以下的，税率是 0.25%。

第四，选择税基具有全面性。在税基的选择方面，韩国、美国、加拿大和法国各不相同。美国以所得额为税基；加拿大以财产税为税基；法国以职工薪金为税基；韩国则范围比较宽，包括《所得税法》中规定使用 10% 最终预提税的股息、股利收入，《酒税法》规定应纳酒税额，烟草销售价格和金融保险业务的毛得税。由于各国国情和政治经济制度有所不同，就税基的选择而言，我国应该综合考虑各国模式在我国的可行性，注意选择上的全面性和大局性。

第五，税收优惠方式主要包括减税、免税、出口退税和费用扣除等方式。实行税收优惠制度，是为了影响纳税人的经济利益，引导纳税人安排自己的应税行为，从而达到国家调控税收收入的目的。韩国和加拿大的教育税都确定了较为健全的税收优惠制度。加拿大分别从三个层次对教育税的税收优惠制度予以规定，分别是鼓励社会捐赠教育，对学校取得的商业活动收入（除货物与消费税外）全部免税，鼓励学生家庭增加教育投资的税收优惠政策。韩国对教育税免征所得额进行了详细的规定。我国教育税法律制度中，必须借鉴韩国和加拿大的经验，引进税收优惠制度，促进纳税主体缴纳教育税的积极性。

另外，单独审视韩国制定的独立的《教育税法》，我们可以发现韩国的《教育税法》有效地促进了管理体系的形成，实施非常严格，利于教育税的征收和管理。美国虽然没有独立的教育税法，但是其所制定的一系列与教育财政投入相关的法律，在很大程度上保证了教育经费来源的稳定性。我国目前相关法律制度中并未对教育经费投入做明文规定，应该借鉴国外的经验，制定独立的教育税法，对教育税收入的征收、使用和管理进行详细的规定，使其有法可依。

第四节

我国教育税的合理定位

纵观世界各国的财政收入，税收收入占绝大比重，非税收入占很小比重，只起补充作用。但我国存在费强税弱和税费矛盾的现象，作为"费改税"风暴中遗留下来的问题之一，将"教育附加"升格为"教育税"势在必行。❶将教育费附加提升为教育税，可以将分散的、区域化的公共教育资源集中为全国的公共教育资源，通过税收的财政转移支付制度，平衡地区间的税源和负担，消除教育资源分配的地区差异和城乡差异实现全国公共教育经费的统一管理。通过教育税的财政转移支付制度，达到教育资源的优化配置，将教育经费和教育资源的投入向落后地区倾斜，从而达到地区和城乡间的平衡发展，以期推动教育事业在新的历史起点上科学、持续、健康地发展，加快从教育大国向教育强国、从人力资源大国向人力资源强国迈进，为中华民族伟大复兴和人类文明进步作出更大贡献。此外，根据不同教育类型的公益性程度，义务教育的产品性质为纯公共产品，非义务教育属于准公共产品。所以相应的，教育经费的投入也要考虑到这种差别，不能一概而论。❷

教育税是指为了弥补我国教育经费的严重短缺和教育附加费征收不规范、效力不高，保障教育事业稳定发展而设定的，依照法定的税率和纳税环节强制地、无偿地、固定地征收货币并专项用于教育投入的特定税种。基于教育税的特殊性，其税收收入全部专款用于教育事业的支出。税收按其用途可以划分为一般目的税和特定目的税。一般目的税是没有特定用途的税收，用于政府的一般性开支。目前我国的主体税种即流转税（包括增值税、消费税、营业税等）便是一般目的税。增值税是以生产、销售货物、或者提供劳务过程中实现的增值额为征税对象的一种税；消费税是以特定消费品或者消费行为为征税对象、以销售额或销售数量为计税依据征收的一种税；营业税是以应税劳务营业收入额为计税依据而征收的一种税。这些税种没有特定的目的，只是形成国家的财政收入，支出没有既定的目标。特殊目的税是具有特定用途的税收，税收收入用于实现事先规定的特定目的，不能挪作他用，具有专款专用的性质。教育税用于教育事业的发展，弥补教育经费的严重不足，目的非常明确，专款专用，属于特殊

❶　李双成. 费改税［M］. 北京：中国审计出版社，2000.

❷　黄明光. 从西方税收理论看我国开征教育税的必要性［J］. 宜宾学院学报，2005（2）：40－41.

目的税。

当前，我国在教育经费的投入领域表现为三级投资结构严重失衡，具体是指我国公共教育财政投资用于初等教育、中等教育和高等教育的比重不协调。按照国际惯例，合理的投资结构是从初等教育到高等教育，投资比例是递减的。具体到我国，因为我国在教育投入上好大喜功，从2004年，资料表明我国高等教育经费支出就已经开始超过了初等教育和中等教育，并且差距还在逐年拉大，使得我国教育事业呈现出"倒金字塔"的情形。这种现象明显不是一个可持续的办法，长久以来我国薄弱的基础教育形势不仅仅会影响到整个国家的国民素质，也会使得高等教育下的人才出现畸形。我国现在的义务教育经费投入体制仍是以县为主，可以说，目前我国中央、省级和县级政府财政收入比例和相应的财政支出是一种倒置的支出结构，这就导致大部分县级财政无力承担义务教育的投入责任。可以说，我国目前"最缺钱"、最需要大力扶持的教育就是义务教育。早在200多年前，英国的亚当·斯密便申明政府参与基础教育这一公益事业的必要性，在亚当·斯密最著名的《国富论》第五篇第一章的最后部分，他得出了以下结论：一国的教育设施及宗教设施，分明是对社会有利益的，其费用由社会的一般收入开支并无不当。我国《宪法》第46条规定，中华人民共和国公民有受教育的权利和义务。公民的受教育权是指公民享有从国家接受文化教育的机会和获得受教育的物质帮助的权利。保护公民的受教育权，首先就体现在必须投入充足的教育经费，保证贫困地区公民受教育机会的均等。这是开征教育税的根本目的，也是教育税最深层次本质的体现。教育税的征收具有强制性、无偿性和固定性，这对教育专项资金的形成具有很大的保障作用，从而消除地区差异和城乡差异，平衡地区间教育资源的分配，实现受教育机会的平等，保护了公民的受教育权。

所以，笔者建议将教育税给予义务教育较高额的分配比例，为义务教育的发展提供充分的资金，逐步建立横向教育财政转移支付制度，即构建在全国范围内的这笔义务教育资金财政转移支付，尤其偏向于老少边穷地区，有利于促进教育公平的发展。而教育税剩余比例可以在包括高等教育在内的其他类型的教育中合理分配，并设立专门的教育专项资金监督机构，以保证教育财政的合理使用，防止被随意挪作他用。

第五节

构建我国教育税法律制度的设想

对于构建教育税法律制度的研究，我国理论界主要有两种观点：第一种观点是个人负担论。持此观点的学者认为，凡在中华人民共和国境内的国家机关、人民团体、企事业单位的从业人员及个体经营者、农业生产者都应是纳税人。计税的依据为工资薪金所得额、个体经营所得额、农民人均纯收入。具体征收管理方式是：从业人员应缴教育税由供职单位代征代缴，个体经营者实行核定征收，农业生产者由乡镇财政所代征代缴。征税环节是个人收入分配环节。第二种观点是企业负担论。该观点将纳税人规定为在中华人民共和国境内从事生产经营的单位和个人（包括农业生产者）。计税依据为销售收入或营业收入额、农民人均纯收入。纳税环节选择在销售收入或营业收入实现环节。我们认为，上述两种观点都各有利弊。首先，个人负担论直接涉及劳动者个人收入分配，征收难度大，尤其在现今个人收入形式多样化以及监管手段有限的情况下，偷逃教育税的现象将会非常普遍。其次，虽然企业负担论的计税依据不受流转税的制约，有利于地税部门独立监管，较好地解决了征收难的问题，但是其征收面较窄，税收负担主要集中在从事生产经营的企事业单位，不利于国有企业改革和发展。

由此可见，应该结合个人负担论和企业负担论的优点，遵循地方税制改革的基本原则和总体思路，本着"简税制、宽税基、低税率、严征管"的原则，我们建议教育税的设计既要保证收入规模的适度扩大，又要具有一定弹性，在充分考虑到我国教育结构失衡问题，明确教育税的定位后，根据经济发展水准合理构建教育税的征收范围、税率等税收因素，保证教育税的功能能够适应经济增长和教育发展的需要。

一、教育税的税基

税基，是计税依据的简称，也称为计税标准和计税基数，是指根据税法规定所确定的用以计算应纳税额的依据，亦即据以计算应纳税额的基数。计税依据是征税对象在量的方面的具体化，直接影响着纳税人最终税负的承担。税基是构建税收法律制度的重要环节。根据课税对象的不同，税收可以分为流转税、所得税和财产税。现阶段，我国教育经费的一个重要来源是教育费附加。构建我国教育税法律制度的前提是实行"费改税"，因此，我国教育税的税基也多了一个选择，即以"三税"为税基开征教育税。综上所述，我国教育税的税基共有四个选择：第一，以"三税"（即增值税、消费税和营业税）为税基开征教育税；第二，以个人所得为税基开征教育税；第三，以财产为税基开征教育税；第四，以流转额为税基，即以商品销售收入额和劳务经营收入额为税基开征教育税。

（一）以"三税"为税基开征教育税

目前我国征收的教育费附加，以各单位和个人实际缴纳的增值税、营业税和消费税的税额为计征依据，教育费附加率为3%，分别与增值税、营业税和消费税同时缴纳。开征教育税，构建我国的教育税法律制度，最简单的做法是"费改税"。通过"费改税"，将"费"提升到"税"的高度，可以很好地解决征收力度不足，重"税"轻"费"等问题。但是，以"三税"为税基开征教育税，仍然存在很多问题：首先，以"三税"为税基的教育税，受到流转税的制约，其主要表现在于：一是流转税的税收优惠与税收减免，会导致作为附加税的教育税流失。二是以"流转税"为税基征收的教育税收入有限，不能满足教育经费的投入。如果不能满足教育经费的需要，那么在这些地区很有可能会开征一些地方教育费，将会造成税费并存的局面。三是增值税、消费税和营业税的税率差别很大，消费税最高为56%，而营业税最低税率仅为3%，导致教育税收入相差十几倍。

其次，以"三税"为税基的教育税是附加税，易造成税基狭窄和税源有限的问题。以增值税、消费税和营业税为税基的教育税，是在税上征税，仍然是一种附加税。一方面，附加税与设立教育税应有的法律地位不对等。根据国务院 1993 年 12 月公布的《关于实行分税制财政管理体制的决定》，教育税的税收收入应该作为教育基金，只能用于教育经费的投入。前文已经阐述过，我们拟设立的教育税法律制度，是将义务教育阶段所需教育经费完全由教育税收入所供给。如果将这么重要的税种设置为依附于其他税种之上而课征的附加税，必然会带来税基狭窄和税源有限的问题。另一方面，附加税违背了构建教育税法律制度应遵循的原则。根据前文所述我国教育税法律制度独立性的原则，教育税应是一个独立的税种，不需依附于其他税种而仅依自己的课税标准独立课征。由此可见，直接"费改税"，以"三税"为税基开征教育税是不可行的。

（二）以个人所得为税基开征教育税

前面中提到美国为了弥补教育经费的短缺，绝大多数州开征了学区所得税，将其作为独立的教育税，提供教育经费。我国是否可以借鉴美国的做法，以个人所得为税基开征教育税呢？任何一个国家税收法律制度的设计，都受到该国社会制度、经济结构和生产力发展水平的制约。因此，分析美国开征学区所得税的背景是非常必要的。所得税是美国的主要税种，所得税收入在政府的财政收入中占主要部分。选取所得作为学区所得税的税基，可以保证教育税收入的充足，满足教育经费的需要。1980 年 9 月 10 日，我国在第五届全国人大第三次会议上审议通过了《个人所得税法》，其先后经过 1993 年 10 月 31 日、1999 年 8 月 30 日、2005 年 10 月 27 日、2007 年 6 月 29 日、2007 年 12 月 29 日、2011 年 6 月 30 日修订。迄今为止，我国的个人所得税制度已有 30 多年的历史。在此期间，我国的个人所得税收入迅速增长。尽管我国个人所得税已经成为国内税收中的第四大税种，但是我国个人所得税收入占税收总收入的比例仍然比较小，2010 年仅有 7%左右。[1] 2008 年，美国联邦税收收入总额为 25243 亿美元，有"龙头税种"之称的个人所得税是 14501 亿美元，占联邦税收总额的比重是57.45%。[2] 显而易见，无论是个人所得税收入额，还是个人所得税收入占税收总收入的比重，我国都与美国相差甚远。因此，如果我国仿照美国设置学区所得税作为教育专门税，必然会存在很多问题。首先，如果按照美国俄亥俄州税务局官方网站上关于学区所得税的征收税率 1%来计算，拟构建的教育税无法满足教育经费的需求，教育经费短缺的现状将会更加严重。其次，我国现行个人所得税所实行的分类税制导致征收范围窄，个人所得税申报制度不健全，很容易导致税收流失，偷漏税现象严重。那么，如果以个人所得为税基开征教育税，也依然存在上述问题。综上所述，我国教育税不宜以个人所得为课税依据。

（三）以财产为税基开征教育税

我国财产税的税种比较多，主要包括资源税、房产税、土地使用税、土地增值税、耕地占用税、契税、车船使用税等。但是，迄今为止，我国还尚未开征遗产税。如果以财产为税基开征教育税，可以保证教育经费的稳定投入。一方面，教育税是对财产的评估价征税，税基和税率可以由地方政府根据需要酌情调整。另一方面，对不动产征税，税源稳定，税收收入不会随着经济的变化而跌宕不定。然而，以财产为税基开征教育税也有不足之处，更何况我国现在的财产税制度尚不完善。第一，财产评估制度不健全导致教育税征收的不公平性。正确评估财产的价值，是以财产为税基开征教育税的重要环节。然而现实情况是，我国目前尚无健全的财产评估制度，现有评估机构的评估标准、方式、方法远远落后于开征教育税的需要，尤其是机动交通工具、生产经营资料、非上市股票、金银珠宝、大宗消费品等项财产的评估尚是一片空白，既无评估机构，也无评估制度。无法对财产作出客观公平的评估，必然导致部分财产免于征收教育税。而

---

[1]　[EB/OL]．[2014 – 10 – 10]．http：//news. sina. com. cn/c/sd/2011 – 03 – 16/121422125357. shtml.

[2]　[EB/OL]．[2014 – 10 – 10]．http：//money. 163. com/09/0618/10/5C38EE3U002534M5. html.

且，财产评估工作人员的业务水平也有所差别，其监督机制尚不健全，存在评估公正与合理的漏洞。第二，我国财产登记制度不健全，教育税的征收和管理困难重重。如前所述，以财产为税基的教育税，是以固定的财产的市场估价为课征依据的。财产评估的前提是税务机关掌握全面真实的财产资料，这必然要求我国建立健全的财产登记制度，随时掌握财产的变动情况，及时给予监督。所以，我国也不适宜以财产为课税依据开征教育税。❶

（四）以流转额为税基开征教育税

以流转额为税基开征教育税，实际上是以商品销售收入额和劳务经营收入额为税基。现行的教育费附加是在"三税"上征收附加费，而增值税、消费税和营业税的课税依据，实际上都是来源于商品销售经营收入或者劳务经营收入。根据《中华人民共和国增值税暂行条例》《中华人民共和国消费税暂行条例》和《中华人民共和国营业税暂行条例》，增值税的课税依据是在中华人民共和国境内销售货物或者提供加工、修理修配劳务以及进口货物的销售收入额中新增加的价值部分；消费税的课税依据是在中华人民共和国境内生产、委托加工和进口的消费品的销售收入额；营业税的课税依据是在中华人民共和国境内提供特定的劳务、转让无形资产或销售不动产的营业收入额。显而易见，以流转额为税基，实际上就是把教育费附加的"三税"依据直接化。虽然，以流转额为税基的教育税，不仅不会过多地增加纳税人的税负，易于被纳税人所接受，而且还将"三资企业"从事经营活动的销售收入和营业收入纳入教育税的课税范围，符合公平税负的税收原则。但是，我们认为，以流转额为税基的教育税也有其缺点：一方面，以流转额为税基的教育税征收面较窄，主要由从事生产经营的企事业单位和个人负担税收。基础教育是纯公共产品，全体公民都受益。如果税收负担只由从事生产经营的企事业单位和个人承担，那么依然有违税负公平的税收原则。另一方面，以流转额为税基的教育税，其税率设计较为困难。因为从事生产经营的企事业单位跨越众多行业，不同行业

---

❶ 廖楚晖，魏贵和. 建立和完善我国教育税收机制的思考［J］. 税务研究，2011（2）：94.

的利润额也是不同的，因此而带来的税收负担变化较大。

（五）我国教育税税基的选择

综上所述，我国的教育税税基的范围应该是：在中华人民共和国境内的国家机关、人民团体和企事业单位的工作人员所取得的工资薪金收入、从事生产经营的单位和个人的商品销售收入和劳务经营收入、农民人均纯收入。选择这一税基范围的理由如下：第一，这一税基不仅将"三资企业"从事生产经营活动的销售收入和营业收入纳入教育税的课税范围，而且也将国家机关、人民团体和企事业单位的工作人员所取得的工资薪金收入纳入教育税的课税范围，使教育税真正由全体公民承担，体现了教育税公益性的本质。第二，这一税基的教育税具有较好的征收基础，可以保证教育税的开征平稳进行。从事生产经营的单位和个人仍然以其商品销售收入和劳务经营收入为课税依据，农业生产者也仍然以农民人均纯收入为课税依据。相比较现在的教育费附加而言，教育费附加的纳税主体的税收负担并未增加。

二、教育税的课税对象

课税对象，也称为征税客体或征税对象，是指征税的直接对象或称标的，它说明对什么征税的问题。税基解决的是课税"量"的依据，而课税对象解决的是课税"质"的依据，亦即课税的范围。根据课税对象的不同性质，可以将其分为商品、所得和财产三类。如前文所述，所得、财产和流转额都不适宜作为教育税的计税依据。因此，我们所确定的教育税以在中华人民共和国境内的国家机关、人民团体和企事业单位的工作人员所取得的工资薪金收入、从事生产经营的单位和个人的商品销售收入和劳务经营收入、农民人均纯收入为计税依据。因此，教育税的课税对象应相应地界定为工资薪金所得额、销售收入额和劳务经营收入额、农民人均纯收入。

三、教育税的税率

税率是指税法规定的每一纳税人的应纳税额与课税客体数额之间的数量关系或比率。税率可以分为比例税率、累进税率和定额税率。比例税率，是指对同一课税客体或同一税目，不论数额大小，均按同一比例计征的税率。累进税率，是指按征税对象数额的大小，划分若干等级，每个等级由低到高规定相应的税率，征税对象数额越大税率越高，数额越小税率越低。定额税率，又称固定税额，是按单位课税客体直接规定固定税额的一种税率形式，一般适用于从量计征的税种或某一税种的某些税目。就我们拟构建的教育税法律制度而言，其具体采用上述何种税率，要具体分析：第一，定额税率一般适用于征税对象是价格稳定、质量和规格标准比较统一的商品，因此就教育税而言，不适宜选择定额税率模式作为教育税的税率。第二，累进税率一般适用于对所得或财产的课税，其对税基的要求是纯收入，即利润。我们拟设定的教育税税基是商品的销售收入和劳务的经营收入，并非纯利润，所以教育税也不适宜选择累进税率模式作为教育税的税率。第三，比例税率一般适用于对商业或者劳务的课税，可以使税收负担随着收入的变化而变化，收入高者负担重，收入低者负担轻。由此可见，教育税的税率模式只能选择比例税率。对税率模式的选择做了分析之后，税率应该确定为多少呢？确定税率必须考虑两个因素：一是税率不能过高，也不能过低。根据美国供给学派经济学家拉弗著名的"拉弗曲线"理论，税收收入会随着税率的提高呈开口朝下的抛物线结构。也就是说，税收并不是随着税率的增高而增加。当税率高过一定的限度时，企业的经营成本提高，导致企业低利润或者无利润，那么企业就会减少投资，相应的税收也会减少。教育税作为税收的一种，也不例外。但是教育税的税率也不宜过低，如果过低的话，那么税收收入很小，无法满足教育经费的巨大需求。二是税率应该与各地的实际情况相适应，设置有差别税率。由于各地实际经济发展状况的不同，则流转额也会因地区而有很大差别。因此，税率可以根据各地实际情况而有所调整。综上所述，据某省测算表明，若将教育税税率设计在 3‰，教育税收入只比目前征收的教育费平均增加 30%；当税率为 5‰时，教育税收入比应征教育费平均增加 117%。因此，我们认为，教育税的税率应该设置在 3‰ ~ 5‰之间，而且可以根据各地区的不同情况在此范围内确定税率。

四、教育税的征收管理

税收的征收管理，简称税收征管，它是国家税务机关依据国家税收政策、法规及有关制度规定，依法行使征税权利，通过一定的程序，指导和监督纳税人（包括扣缴义务人、税务代理人）正确履行纳税义务，保证税收收入及时、足额入库的一种行政行为。首先，我们所构建的教育税法律制度，其征收管理具体而言是指：国家机关、人民团体和企事业单位的工作人员由其所供职的单位按月代征代缴，从事生产经营的单位和个人按月申报缴纳，农业生产者由乡镇财政所按年代征代缴。由此可见，第一，除农业生产者之外，纳税期限是按月征收。农业生产者按年征收。第二，纳税环节分别为个人收入分配环节、销售收入和营业收入实现环节。第三，纳税地点分别是供职单位所在地、经营所在地。其次，制定《中华人民共和国教育税法》和《中华人民共和国教育税征收管理法》。通过立法的形式对具体管理措施加以规定，使教育经费的筹集有了法律保障，为推动教育事业的稳定发展打下坚实的基础。再次，确定规范的教育财政转移支付制度。教育财政是以支援国家公益事业的教育活动为目的，由中央政府或地方政府对其必要的财源予以确保、分配、开支、评价等一系列经济活动。实行教育财政转移支付制度的目的在于缩小地区间教育水平的差距，实现教育公平。具体而言，主要有如下三方面的内容：一是将教育财政转移与一般性财政转移支付相分离，使其透明化程度更高。二是设立专门的教育专项资金监督机构，以保证教育财政的合理使用，防止被随意挪作他用。三是逐步建立横向教育财政转移支付制度，即构建省际间的财政转移支付，有利于促进教育公平的发展。

五、教育税的税收优惠

税收优惠是指国家为了体现鼓励和扶持政策，在税收方面采取的激励和照顾措施。税收优惠的形式包括减税、免税、退税、投资抵免、快速折旧、亏损结转抵补和延期纳税等。税收优惠是一把"双刃剑"。如果税收优惠制度得当，可以促进经济的发展；相反，税收优惠制度过多，则会产生负效应，导致税基变小，造成税收流失。因此，适当的税收优惠制度可以促进教育税的发展和其税收收入的积累。如前文国外教育税法律制度的比较一部分所述，美国、韩国和加拿大都确定了较为健全的教育税税收优惠制度。美国和加拿大都分别从三个层次对教育税的税收优惠制度予以规定，分别是鼓励社会捐赠教育，对学校取得的商业活动收入（除货物与消费税外）全部免税，鼓励学生家庭和个人增加教育投资的税收优惠政策。韩国则在教育税法中对免征所得额做了非常详尽的规定。我国应该在借鉴国外经验的基础上，结合我国的国情，规定具体的税收优惠制度。首先，借鉴美国和加拿大的做法，鼓励学生家庭、单位和个人增加教育投资，适当地实行减免税政策；其次，对教育行业与培训机构的经营活动，实行减免税政策；再次，对于捐赠教育的单位和个人，可以根据其捐赠额进行税收抵免；最后，教育税的税收减免权限应该属于中央政府，由中央政府统一制定减免税制度。

教育经费与教育事业的发展紧密相连，就发展教育事业而言，教育经费的高投入是不可或缺的。我国的教育投入仅仅占世界各国教育总开支的1.5%，然而，我国却拥有占世界人口五分之一的受教育人口。显而易见，我国的教育经费严重短缺。一直以来，我国的教育经费都是通过政府利用财政收入拨款和征收教育费附加来解决的。教育费附加自开征以来，其附加率有所提高，但是仍然没有解决我国教育经费不足的问题。因此我们认为开征教育税可以有效解决上述问题。

第七章

我国民办高等教育税收优惠制度研究

　　在我国悠久的文明史中，民办教育源远流长。早在 2400 年前的春秋时期，孔子等先贤就开始兴办私学，到了战国时期，以儒、墨、道、法为代表的私学形成了百家争鸣的局面。自此以后，民办学校即私塾在传承中华文明方面发挥了重要作用。到了现代，私塾在随着社会的进步和教学手段的发展逐步演化为今天的民办学校。民办教育，是相对于公办教育的教育形式，指国家机构以外的社会组织或者个人，利用非国家财政性经费，面向社会举办学校及其他教育机构的活动。民办高等教育是我国教育事业的重要组成部分，国家历来高度重视民办高等教育事业的发展，改革开放 30 多年来，民办高等教育事业取得了显著成绩。民办高等教育的再度兴起和蓬勃发展发挥了积极的外部效应，现在已经成为中国教育体系不可缺少的组成部分。从 1978 年新中国第一所民办高校——湖南中山进修大学诞生以来，截至 2009 年，全国各级各类民办学校（教育机构）总数已达 10.65 万所，各类学历教育在校生突破了 3065 万人，已成为我国教育事业不可或缺的重要组成部分；独立学院 295 所，在校生 107.46 万人；另有其他形式教育的学生 0.33 万人。❶ 截至 2011 年年底，全国民办高校达到 1400 多所，其中本科院校 390 所（独立学院 303 所、民办普通高等学校 87 所）。在学生数量上，2011 年年底统招学生达到 500 万。❷ 在教育体制改革大潮的推动下，我国民办教育迅速发展，尤其我国民办高等教育的突飞猛进，在推动经济发展、技术进步、社会稳定和文化繁荣等方面起着极大的作用。

---

　　❶ 陈新. 我国民办高等教育发展的财政与税收政策研究［J］. 当代经济，2007（11）：56 - 59.

　　❷ ［EB/OL］.［2014 - 10 - 10］. http：//www. 233. com/gaokao/zixun/dynamic/all/20120531/155046915. html.

第一节

民办高等教育的立法概况与社会作用

一、民办高等教育的立法概况

我国民办高等教育是伴随着国家改革开放政策的实施而重新复苏，并伴随着改革开放的不断深化而发展壮大。国家立法在促进民办教育发展中起到了推动作用，1982 年 12 月 4 日，第五届全国人民代表大会第五次会议通过的《中华人民共和国宪法修改草案》，以宪法的形式第一次明确了民办教育的合法地位，使民办学校名正言顺地登上了教育大发展的舞台。《宪法》规定："国家鼓励集体经济组织、国家企业事业组织和其他社会力量依照法律规定举办各种教育事业。"1985 年 5 月中共中央发布《关于教育体制改革的决定》，指出"地方要鼓励和指导国家企业、社会团体和个人办学"。1987 年，教育部颁布了《关于社会力量办学的若干暂行规定》，这个时期出现的民办教育多是非学历的文化补习性质的培训机构。随着中国加速改革开放的进程，1992 年召开了中国共产党第十四次全国代表大会，大会报告指出"鼓励多渠道、多形式社会集资办学和民间办学，改变国家包办教育的做法"。1993 年 2 月中共中央、国务院颁布的《纲要》规定"改变政府包揽办学的格局，逐步建立以政府办学为主体、社会各界共同办学的体制……国家对社会团体和公民个人依法办学，采取积极鼓励、大力支持、正确引导、加强管理的方针"。把民办教育推进到中、高等职业教育和职业培训领域。1997 年，国务院颁布《社会力量办学条例》❶，

---

❶ 本条例已于 2003 年 9 月 1 日废止，由《中华人民共和国民办教育促进法》替代。

这是新中国第一个规范民办教育的行政法规，标志着中国民办教育进入了依法办学、依法管理、依法行政的新阶段。2003 年，对于我国民办教育事业来说，是发展历程中的一个重大转折点。这一年《民办教育促进法》正式开始实施，这标志着我国民办教育发展进入了真正的法治时代。在该法及其后陆续颁布的配套法规（即《民办教育促进法实施条例》）、行政规章及一系列政策措施的积极推动下，又为民办教育的健康发展提供了基本法律框架，使民办学校在多个方面具有了与公办学校同等的权利和地位。民办教育的发展，改变了单纯依靠政府办学的传统办学模式，增加了教育的总供给，满足了广大人民群众的受教育需求。

我国各级各类民办教育无论是外延规模还是内涵质量，总体上呈现出稳步增长和健康发展的良好势头。随着民办教育的发展，民办学校和民办教育机构的办学条件逐步得到改善，学校资产总值也有了较大幅度的增长，为教育事业后续的发展奠定了基础。毋庸置疑，我国已初步形成了一个结构完整、功能齐全、具有一定规模的民办高等教育体系，缓解了我国教育需求旺盛与教育供给相对不足的矛盾。但是在我国，民办高等教育在国民教育体系中所占的份额还很小，市场开发还不是很充分。总的来说，民办高等教育的发展依然属非主流板块，还有待于进一步的深化和发展。

二、民办高等教育的社会作用

多年来，民办高等教育机构承担了政府一部分教育职能，在弥补公办教育资源不足的同时，极大地满足了人民群众多层次、多样化的教育需求。正如哈罗德所说"如果社会不能从原有机构中获得它所需要的东西，它将导致其他机构的产生。"❶ 发展民办高等教育，必须进一步明确民办高等教育在教育事业全局中的重要地位和作用。归纳起来，民办高等教育具有几下几点功能。

---

❶ 伯顿·克拉克. 高等教育新论——多学科的研究 [M]. 杭州：浙江教育出版社，2000：35.

（一） 民办高等教育优化了教育资源，为社会培养了大批人才

民办高等学校充分利用闲置的社会资金和社会教育资源，为社会提供了多层次、多样化的教育模式，促进了教育资源的合理配置，满足了不同人群的教育需求，为社会培养了大量人才。历史经验表明，凡是采用单一资源配置机制的国家，虽然可能取得一定时期的发展，但是很少不遇到发展中的障碍。如美国 20 世纪 20 年代曾推崇单一的市场机制引发了经济衰退；苏联实施政府包办经济及社会福利的办法，最终也使政府不堪重负，无法有效地调动资源满足社会多样化的需求。❶ 民办高等教育在一定程度上承担了政府的教育职能，这一点上和公办高等学校一致，并没有实质性差异，有些民办学校还接受委托向社会提供公益性教育。所以，在今后的高等教育改革进程中，对具备学士、硕士和博士学位授予单位条件的民办学校，按规定程序予以审批，并建立完善民办高等学校教师社会保险制度，更好地促进民办高等学校的发展。弗里德曼甚至认为，只有使教育系统的大部分资源都进行私营化，才能实现对教育的彻底重构，民办的营利性机构将提供更加多样化的学习机会，并能形成与公办学校的有效竞争。在民办高等教育的发展规模上，发达国家和地区似乎走得更快，美国民办高校占高校总数的58%左右，日本民办高校占其高校总数的71.1%，韩国民办高校占其高校总数的81%，巴西民办大学占全国大学的78.5%，印度尼西亚则高达93.58%。我国香港和台湾地区的民办大学也占总数的50%和66.1%。❷

（二） 民办高等教育缓解了教育领域的财政压力

民办高校的经费来源通常有四种渠道：一是靠股东自掏腰包；二是靠银行贷款；三是靠吸引社会资金；四是靠学费收入。由于民办学校是在国家教育财力不足的情况下举办的，因此，国家对民办高校几乎没有投入，发展民办教育，打破了政府单一的教育投资体制，通过广泛吸纳社会资

---

❶ 国家教育发展研究中心 . 2001 年中国教育绿皮书 ［M］. 北京：教育科学出版社，2001：107.

❷ 董汝萍 . 浅谈民办学校税收优惠政策 ［J］. 科技创新导报，2008 （33）：143 – 144.

金，实现了教育投资的多元化，减轻了国家的教育财政负担。所以，我国政府公布的《国家中长期教育改革和发展规划纲要（2010—2020 年)》提出，社会投入是教育投入的重要组成部分。

（三）民办高等教育缓解了社会就业压力

民办高等学校为社会提供了较多的就业机会，解决了部分人才的就业需求。另外，民办高等教育往往比较重视学生的就业问题，这也是民办高校吸引学生的关键所在，民办高校通过自身的关系资源，积极为学生寻找就业途径，使很多学生毕业后顺利就业，极大地缓解了我国日益严重的就业压力。在这一点上，民办高校要比公办高校做得好。

毋庸讳言，我国民办高等教育事业的兴起和发展，在增加全社会受教育机会、满足老百姓多样性教育需求、推进办学体制改革、激活教育竞争机制、促进教育公平、构建有中国特色的教育体系和增强国民教育创新活力等方面，都发挥了重要的推动作用。近年来，为了鼓励民办高等教育发展，国家推动了国家奖助学金向民办高校延伸，这一结果的确非常令人鼓舞，它体现出的是难能可贵的教育公平理念。民办高等教育的发展为推进我国教育现代化进程、建设终身教育体系和学习型社会作出了积极贡献。因此，应该鼓励举办民办高等教育，形成公办教育与民办教育共同发展的新格局，建立起多元化体制互相促进的教育格局，以适应社会主义市场经济下个人需求与社会产权格局多样化的需要。

第二节

我国民办高等教育发展存在的问题

世界发达国家的教育经验表明，当人均 GDP 达到 3000 美元以上时，教育消费将会出现所谓跳跃式的"井喷"，并且保持长期的增长势头。2008 年，我国人均 GDP 已经突破了 3000 美元，跻身中等收入国家行列，这意味着城乡居民消费结构将不断升级，教育消费的比重将大幅增加。借鉴国外的先进经验，我国逐步改变过去单靠政府单一力量来办教育的局面，开始在教育上引进社会民间资本，与社会力量合作，共同分担为社会大众提供教育的职责。事实上，根据高等教育的发展规律，民办高等教育在高等教育领域的份额将会越来越大，这与经济的发展、人们的社会需求与多种所有制经济下产生的多元化文化、多种高等教育需求是一致的。所以，《国家中长期教育改革和发展规划纲要（2010—2020 年）》也为民办教育的定位作了明确的说明：民办教育是教育事业发展的重要增长点和促进教育改革的重要力量，各级政府要把发展民办教育作为重要的工作职责，鼓励出资办学，促进社会力量以独立举办、共同举办等多种形式兴办教育。新时期民办高等教育的复苏、发展、壮大，乃至成为中国高等教育事业重要组成部分，都是政府政策鼓励和支持的结果。但目前政府的政策支持还不全面、不系统，配套措施不够，落实不到位。民办高等教育的发展还不十分顺畅。由于定位不清晰，在财政支持力度上民办高校与公办高校不能一视同仁；在财政资助力度、税收负担、税收优惠等方面存在较大的差异，民办高校在发展中面临的主要问题如下。

一、指导思想不够明晰

民办教育在自我的"身份认同"的进程中经历坎坷，虽取得了极大的成绩，但仍然存在严重的问题。《教育法》规定：国家鼓励企业事业组织、社会团体、其他社会组织及公民个人依法举办学校及其他教育机构。这已经确立了我国社会民间力量办学的法律地位。但长久以来，在我国民办教育的发展定位上，官方和民间一直存在这样一个认识上的误区：就是把民办教育的发展定位限定于公办教育的补充上。更有不少人认为，公办教育提供免费或部分免费的教育服务，具有公益性；而民办教育大多收费较高，以营利性为目的，不具有公益性。由于在人们陈旧的观念中，民办学校属于营利性的机构,与教育的公益性是相冲突的,民办学校教育也成了营利性的行业,这种状况给我国民办教育事业的发展带来极大的负面影响。民办高校在这一论争中"树大招风",势必波及民办高等教育的进一步发展。社会上存在重公办、轻民办,甚至歧视民办教育的现象,同样也误导了普通民众对参加民办教育的信心。导致民办教育与公办教育政策存在的差异是:公办教育机构属于事业单位,其收费项目大多明确规定属于免税范围,而民办学校的收入并未纳入预算内管理也未纳入预算外的资金专户管理,且大多为应税收入。❶ 民办教育的收费应征收企业所得税,而公办教育几乎不会征收。❷ 至于高等教育,我国民办高等教育与公办高等教育的关系还没有理清,多数人认为民办高等教育是公办高等教育的补充,使民办高等教育长期处于配角地位,直接导致了民办高等教育在享受发展扶持政策、教育财政经费和税收优惠政策方面受到一定程度的歧视。例如,根据《侵权责任法》第 38 条和第 39 条的规定,无民事行为能力人与限制民事行为能力人在幼儿园、学校或者其他教育机构学习、生活期间受到人身损害的,幼儿园、学校或者其他教育机构应当承担责任,并将幼儿园、学校或者其他教育机构对无民事行为能力人的管理责任定位于过错推定责任,显然加重了幼儿园、学校或者其他教育机构的责任。在这两条的规定中并未对幼儿园、学校或者其他教育机构是否属于公办或者民办进行区分,立法者意图很明显,即幼儿园、学校或者其他教育机构包括民办学校。民办学校在享受权利时得不到应有的待遇和资格,而在承担义务上却要和公办学校保持一致,存在严重的歧视"民办出身"之嫌。

认识上的误区导致民办学校和公办学校难以真正平等。理论上,民办高等教育与公办高等教育一样,是我国高等教育的组成部分。民办高校所实施的高等教育层次的教育,是与公办高校所实施的教育享有同等重要性的国家教育事业。但是,在国家教育主管部门国家教育部的行政范畴却只包括公办高校,不包括民办高校。在政府出台的一系列高等教育政策中,

---

❶ 郑慧芳,罗莉. 关于民办教育税收差别待遇的思考 [J]. 云南财经大学学报,2007 (4):106.

❷ 贾西津. 对民办教育营利性与非营利性的思考 [J]. 教育研究,2033 (3):34.

都只涉及公办高校，民办高校的相关政策都要加上"民办"二字。❶ 在国家高等教育主管部门组织体系中，民办高等教育还是作为特例来办的，并未将民办教育列入常规的行政体系中去。不仅如此，在政府实施的一系列针对高校的财政优惠政策中，也很难看到为解决独立设置的民办高校的问题所采取的政策措施。不可否认，我国的教育税收优惠政策带有浓厚而明显的身份界限，民办教育名义上可享有与公办教育一致的税收优惠政策待遇，在实际税收征管中由于身份的原因却很难享受到与公办学校同等的全面税收优惠待遇。公办教育机构与民办教育机构的税收负担不一致，即公办教育绝大多数是免税的，而民办教育税收负担沉重，没有享受到一视同仁的国民税收待遇，不利于教育的公平竞争和公办和民办教育的平衡发展。例如，《财政部和国家税务总局关于教育税收政策的通知》第 1 条第 10 款规定，民办教育收费只有"纳入财政预算管理"或"财政预算外资金专户管理"，才可以免征企业所得税。但是，我国目前绝大多数民办教育机构的收费并没有纳入财政预算管理或财政预算外资金专户管理。造成这一局面的原因不是由于民办教育机构的原因，而在于国家目前还未能为民办教育机构提供将其收费纳入"财政预算管理"或"财政预算外资金管理"的条件。事实上，《财政部和国家税务总局关于教育税收政策的通知》出台后，已有一些民办教育机构提出将其收费纳入"财政预算管理"或"财政预算外管理"的要求，然而财税部门却由于自身系统的原因无法满足民办学校的这一要求。这造成了民办教育与公办教育发展中的不公平竞争，阻碍了民办教育事业的发展。

二、民办教育法规建设滞后

《民办教育促进法》及其实施条例虽然已经正式实施，但其作为国家层面的法律法规，只能做一些原则性的规定，具体操作性规定留给相关行政法规和部门规章加以细化。在处理民办教育的实际问题中，有时会遇到

---

❶ 孙家贵．民办教育发展面临的困难与对策［J］．教育文化论坛，2011（2）：35－38.

法律法规规定不具体，甚至没有法律依据的情况，使得教育行政部门和税务部门在民办教育的管理与服务过程中处于两难境地。以《民办教育促进法实施条例》的规定为例，其按照民办高校是否要求取得合理回报分类，来确定民办高校与公办高校是否应享受同等税收优惠政策的。而财政部和国家税务总局出台的《关于教育税收政策的通知》（财税［2004］39 号文件）却是按照是否由财政拨款和是否纳入财政预算管理分类来确定民办高校是否享受税收优惠。例如，其第 1 条第（一）项规定："对从事学历教育的学校提供教育劳务取得的收入，免征营业税"。该规定是以学校从事学历教育作为免税条件的，而在《民办教育促进法实施条例》中，是以学校是否"要求取得合理回报"为享受不同的税收优惠政策的分水岭。❶ 由于政策的制定和衡量的口径不统一，各省在执行民办高校的税收政策上，在税目、税率上出现了诸多不一致之处。又如，《关于教育税收政策的通知》规定："对国家拨付事业经费和企业办的各类学校、托儿所、幼儿园自用的房产、土地，免征房产税、城镇土地使用税；对财产所有人将财产赠给学校所立的书据，免征印花税。"显然，按语义理解，其言外之意，个人投资举办的民办学校，则需要缴纳房产税、城镇土地使用税、印花税。《民办教育促进法》第 4 条规定："国家机构以外的社会组织或者个人可以单独或者联合举办民办学校。"但并没有明确说明个人出资办学与社会组织办学有什么区别，个人投资办学是否也应同样享受上述的优惠政策，都令不同利益相关方产生不同的解读。

　　《民办教育促进法实施条例》第 38 条规定：出资人要求取得合理回报的民办学校享受的税收优惠政策，由国务院财政部门、税务主管部门会同国务院有关行政部门制定。《民办教育促进法实施条例》的出台距今已过数年时间，但这个合理回报的利率还是空白，并没有明确的规定。《税收征收管理法》规定：税收的开征、停征以及减征、免征、退税、补税必须依照法律的规定执行；法律授权国务院规定的，依照国务院制定的行政法规的规定执行。任何机关单位和个人不得违反法律、行政法规规定，擅自作出开征、停征以及减税、免税、退税、补税等其他同税收法律、行政法

❶ 杨雄.民办学校税收问题及探讨［J］.中国集体经济，2007（9）：182－183.

规相抵触的决定。因此，税收应该严格按有关法律、行政法规、部门规章执行，以维护税法的权威性、强制性。目前，我们认为，为解决各地民办高校税收政策及税收优惠政策执行不统一的局面，税务部门应结合《民办教育促进法实施条例》统一制定的执法口径，对民办高校作出明确的界定，并出台"出资人要求取得合理回报的民办学校享受的税收优惠政策"，维护税法的权威性和民办高校的合法权益。

三、教育领域实行双轨制的财政经费政策

尽管《民办教育促进法》明确要求"各级人民政府应当将民办教育事业纳入国民经济和社会发展规划"，但是一些地方政府有关民办教育发展的指导思想还不是很明确，存在相当的混乱，对民办学校与公办学校两类不同院校之间的目标定位、规模结构、发展重点等缺少通盘考虑，没有将民办教育纳入当地经济和社会发展规划。❶ 因此，不少地方民办教育仍未从根本上摆脱无人问津、盲目发展、自生自灭的状态。不仅如此，由于缺少整体规划和专门协调，现实中，有关部门针对民办学校的各类歧视政策仍屡见不鲜、层出不穷。资金的短缺是民办教育目前面临的主要问题，在调研过程中，无论是民办学校的举办者和从业者，还是教育行政部门的管理人员，在接受调研时几乎无一例外地提到民办教育面临的资金困难，且非常迫切。❷

在我国，公共财政资金只能用于公办高校的观念还没有取得突破和更新，财政教育经费拨付在公办教育和民办教育之间未能做到一视同仁。所以，不仅独立设置的民办高校难以从政府获得经费支持，而且公办教育学校与民办教育合作的混合型学校也难从政府的教育财政性经费中获得支持。理性地分析，国家将社会需求的高等教育责任部分地转嫁到了民办高校身上，而民办高校在承担这一任务的同时，却得不到与公办高校一样的生均经费资助。所以，导致全国范围，政府对公办高校的财政拨款越来越

---

❶ 郑雁鸣. 民办教育发展定位的"三个重要原则"——谈《国家中长期教育改革和发展规划纲要》[J]. 民办高等教育研究，2010 (9)：31 – 33.

❷ 贾东荣：实施优惠政策，加快山东民办教育发展 [J]. 英才高职论坛，2006 (1)：14.

高，公办高校发展越来越大手笔，教师待遇越来越好；而民办高校由于生源和收费受到限制等原因，缺乏健全的社会保障机制，师资流失严重，发展可谓是步履维艰。据我们了解，国家教育发展研究中心与教育部发展规划司曾作过问卷调查，在样本民办高等教育机构的办学经费投入中，其样本学校平均值呈现如下分布形态：学费 79.8%、杂费 10.4%、捐赠 1.2%、校办产业等 0.8%、贷款 5.6%、财政 5.4%、其他 1.9%。❶

四、民办高等教育捐赠过分偏重于捐资办学

新中国成立前我国就有捐资助学的传统，如陈嘉庚捐巨资兴办集美大学、厦门大学；马相伯倾其所有创办复旦大学等。改革开放以来，邵逸夫先生为内地教育事业捐款达 24 亿港元，仅在内地大学捐建的邵逸夫楼就有 3000 多座；包玉刚先生 1984 年一次捐款 5000 万人民币，创办宁波大学。❷受传统文化观念和计划经济旧有思维的影响，既有涉及民办教育的法律法规和政策文件，基本是基于捐资办学的假定及导向而制定的，因而突出强调教育的公益属性，而对现阶段民办教育主要以投资办学、要求回报为主的阶段性特征估计不足。这在某种程度上导致了现有涉及民办教育的相关税收优惠规定与当下现实情况的背离和冲突，也使得国家立法和政策的初衷未能很好实现。譬如，国家鼓励企业家或个人无偿地捐献资金，而很少考虑如何有效引导，使得企业和个人在捐款的同时又能获得名誉价值以外的经济价值。又如，在强调民办学校法人财产权保全的同时，相关法律法规对民办学校举办者投入学校的资产的最终归属问题未予明确，这难免会导致出资人对自身资产的安全产生疑虑，进而影响其进一步出资办学的积极性，不利于社会资金更好地转化为教育资源。

---

❶ 桂丽，陈新. 民办高等教育财税扶持政策研究 [J]. 商业时代，2008（1）：55–56.
❷ 赵善庆. 我国高校社会捐赠问题与对策 [J]. 学术界，2009（6）：132–137.

五、针对民办高校的税收优惠制度难以体现公平

2004 年 1 月 1 日起开始实施的由财政部、国家税务总局发布的《关于教育税收政策的通知》是我国教育税收优惠制度的集中体现。我国现行税法对教育事业实行的税收优惠政策范围很广，涉及 14 个主要税种，这对促进教育事业的发展起到了一定的积极作用。但由于这些立法条款形成时，民办教育还很弱小，并没有引起更多的关注，因此教育方面的税收优惠政策大多是针对公办教育的，针对民办教育的较少。就发展现状来看，民办高校和公办高校在部分营业税、关税、增值税、印花税、契税、耕地占用税等税种享受同样的税收优惠认同度比较高，但在所得税、房产税、城镇用地使用税、车船使用税等税种减免税方面各地执行不一。通过对比可以看出民办教育与公办教育存在着较大的差别，民办教育的应税范围比公办教育宽。关于营业税：目前，某些地方对一些民办教育机构开征了营业税，这在民办教育界引起了较强烈的反响。我国现行营业税政策规定：学校及其他教育机构提供的教育劳务、学生勤工俭学所提供的劳务服务，免税。其中，学校及其他教育机构，是指普通学校以及经地市级人民政府或同级教育行政主管部门批准成立、国家承认其学员学历的各类学校。因此，税务部门当前对民办教育机构征税的态度是：学历教育不征，非学历教育不免。当前，我国的民办教育中职业类学校占着绝大多数，而且职业类的民办学校大部分又是非学历教育。因此，这在一定程度上挫伤了民办教育办学的积极性，阻碍了民办教育事业的发展。随着我国企业改革的深化，大批下岗职工亟须参加各种培训、学习新技能，以满足新岗位、新职业对劳动者的要求，这是我国当前的基本国情。我国现阶段社会发展的一个重要任务就是，围绕经济建设这个中心，大力发展教育事业，特别是教育对象以待就业人群为主体，教学内容以职业技术教育、岗位技能培训为重点的非学历教育。现阶段对民办非学历教育机构征收营业税，必将制约民办非学历教育的发展，不符合目前的社会需要。而关于房产税的征收，公办学校其自用房产已明确为免税项目，但对民办教育自用的房产却未作

明确的免税规定。房产税属于地方税收，征收与否依赖于当地政府制定的区域财政政策，要看其是否有利于当地经济效率达到最大化，因此在实践中房产税的征免各地不尽相同。城镇土地使用税的征收，因公办教育征地使用属于国家无偿划拨，故其自用土地免税，而民办教育征地要有偿使用，且用地税收的征免由各地自行确定，其征免依据类似于房产税。公办教育与民办教育机构的所得税负担差别更大，基本全国各地的民办高校都要缴纳企业所得税，没有任何优惠。因为公办教育机构属于事业单位，其收费项目大多明确规定属于免税范围，而民办学校的收入并未纳入预算内管理也未纳入预算外的资金专户管理，且大多为应税收入。因此，民办教育的收费应征收企业所得税，而公办教育几乎不会征收。这种税收治理和政策上的差别待遇不利于民办教育的发展。此外，为了避免纳税，民办高校会想方设法去减少办学经费的节余，这会导致民办学校缺乏发展的后劲和承担办学风险的能力，甚至有可能引发一些不规范的办学行为。究其原因，是其未能与《民办教育促进法》及其实施条例很好地衔接。因此，《关于教育税收政策的通知》中的一些规定在实际执行中会导致民办学校的税收优惠政策难以落实，造成民办学校与公办学校事实上的不平等待遇。

而且，在现实中由于观念及体制上的原因，有些地区对民办教育的扶持与管理较弱，民办教育所享有的税收优惠甚至与地方的财政收入紧密联系起来，现有的税收优惠政策难以完全落实，造成民办教育与公办教育发展中不公平竞争，严重阻碍了民办教育事业的发展。总体而言，绝大部分地区依据《民办教育促进法实施条例》，对民办教育是免税的，但有的地方为了增加地方收入，却向民办学校收税，所以在税收上出现的矛盾比较多，民办学校的意见也比较大。在民办教育为争取平等的税收环境的"斗争"中，比较引人注目的是福建省平潭县民办岚华中学事件。❶ 事件大致如此：2003 年 12 月 18 日，福建省平潭县民办岚华中学收到平潭县国家税务局发出的一份应纳税款核定通知书，要求学校缴纳 2002 年度企业所得税472121.12 元。岚华中学在向县国税局缴纳了这笔税款后，随即向福州市

---

❶ 福建平潭县私立岚华中学被征企业所得税私立学校状告国税局. [EB/OL]. http：//shewai. tax861. gov. cn/ssxwz/ssxwz_ display. asp? more_ id＝245078.

国税局申请复议。行政复议未果后岚华中学又以平潭县国税局行政作为没有法律依据，超越行政职权，行政程序违法为由，向平潭县法院依法提起行政诉讼。但经过两次公开审理后，平潭县法院判决驳回岚华中学的诉讼请求。岚华中学不服，遂向福州市中级人民法院提起上诉。福州中院最后认为，平潭县国税就向岚华中学征取 2002 年企业所得税的做法缺乏主要证据和法律依据，造成岚华中学双重税负而侵害岚华中学的合法权益；原一审法院认定事实不清，适用法律错误。撤销了福建省平潭县人民法院的一审判决和福建省平潭县国家税务局对岚华中学的《限期缴纳税款通知书》。判令福建省平潭县国家税务局自判决书生效之日起 10 日内向岚华中学返还所征收的税款 472121. 12 元。至此，颇受社会关注的全国首例民办学校税收官司终于尘埃落定。可以说这次纳税事件只是民办教育的一个缩影，实际中，很多民办学校都在默默地承担着本不应该承担的税收义务。实际上多数国家没有对高校开征企业所得税。相反，在西方国家，政府的税收政策对大学筹集资金非常有利，如在美国为教育捐款可获得减税，并且学校也不用交资本收入税。❶

六、民办高等教育区域性差距大

我们之前已经分析了教育税收优惠政策对老少边穷地区的优惠力度小，而民办教育在老少边穷地区发展更是落后，以至于没有民办教育在老少边穷地区发展，只有一些单纯的公益性民办学校。老少边穷地区的经济和教育发展水平都比较落后，大力发展这些地区的教育事业意义重大，在全国教育经费普遍紧张和落后地区财政不景气的状况下，这些地区的教育发展事业更是举步维艰。因此，老少边穷地区的民办学校尤其需要得到政府的大力扶持。我国目前的税收政策未对老少边穷地区的民办教育发展给予特殊的优惠，这不利于缩小这些地区与发达地区教育水平的差距。而民办高等教育发展受地方政府的影响很大，地方政府思想观念和政策扶持是

---

❶ 彭昌喜. 对高校征收企业所得税问题的探讨 [J]. 财会月刊, 2006 (1)：27.

当地民办教育能否顺利发展的首要因素。我国《民办教育促进法》第52条规定：国家采取措施，支持和鼓励社会组织和个人到少数民族地区、边远贫困地区举办民办学校，发展教育事业。明确民办高校的地位和作用，加强领导、规范管理、消除阻碍民办高等教育发展的种种障碍，使民办高等教育快速发展。我国民办教育的发展存在明显的不平衡，因此缩小差距，使受教育水平均衡化也是教育发展的目标。

七、民办院校自身管理存在问题

我国先进的民办教育起步晚，多数学校尚未形成品牌，社会信任度不高，缺乏吸引力。目前有实力的大企业投资民办教育的还不多，少数民办学校举办者办学指导思想不端正，学校内部管理体制不健全，少数民办学校的举办者把办学作为创收、营利的手段，有抽、逃、挪用办学资金的现象。在民办学校尤其是民办高校自身的管理上容易出现几个问题。一是民办学校内部管理体制不健全，存在着董事长与校长的权利、职责不明确。二是我国民办高校的经费来源渠道比较单一，主要靠收取学生学费。加之在招生上发布虚假招生广告，各个民办学校的生源大战使得民办学校在大众中的形象不好，甚至存在某种偏见，认为公办学校是正规军，民办学校是杂牌，无可奈何时才上民办学校。学校又把生源视为生命线，从而在民办学校又出现了教师和学校怕学生、家长，进而出现对学生不敢问、不敢管的怪现象，这已成为大部分民办教育面临的共同问题。三是教职工工资福利待遇不能保障，举办者盲目投资和办学条件不具备的矛盾。师资问题教师是教育之本。再者，民办教师队伍不够稳定。由于民办学校保障机制不健全、教师待遇偏低等问题，民办学校还没有建立稳定教师队伍的长效机制，且难以聘请到高水平的教师。民办学校教师多为近年来毕业的大中专学生、离退休教师。部分学校未与教师签订劳动用工合同，教师流动比较频繁，在一定程度上影响了教育教学质量。由于民办教师身份和待遇不同于公办学校，教师们缺乏安全感，这就很难保证有一支稳定的高素质的师资队伍，导致教育教学工作缺乏稳定性，这既不利于教学质量的提高，也不利于学校的长远发展。生源问题对民办学校而言是其生存之源。四是学生每年需要支付较高的费用，而且民办高校没有助学金和贷款，收费标准又高于公办学校，多数群众收入水平较低，经济承受能力弱，经济能力差的家庭一般难以负担，这就更加减少了民办高校的生源，使民办高校陷入恶性循环。五是由于缺少科学规划和正确引导，不少民办学校普遍存在低水平重复建设现象，学科专业缺乏特色，教育教学质量不高，没有形成比较优势，缺乏市场竞争力，也在很大程度上制约和影响了自身的深入、持久发展。

第三节

给予民办高等教育税收优惠制度的实益

基于民办教育存在的诸多问题，宏观上务必转变观念，进一步提高对民办教育重要地位与作用的认识；进一步增强对民办教育的重视，消除思想认识上的误区，纠正"重公办、轻民办"的错误思想，对公办、民办学校一视同仁。进一步落实对民办高等教育的鼓励、扶持政策，清理并纠正对民办高等学校的各类歧视政策，积极帮助民办高等学校解决办学过程中遇到的各种困难和问题，努力营造民办高等教育发展的良好环境和氛围，使得民办教育和公办教育平衡发展，相得益彰。税收政策具有较强的刚性，税收优惠政策得当，对于民办学校具有较强的鼓励性，反之会影响民办学校的健康发展。❶ 给予民办教育广泛而合理的税收优惠，是国家对民办学校实行扶持政策的一项基本措施。合理的民办高等学校税收优惠政策，对民办高等教育的发展具有促进和引导的作用。就目前民办高等教育发展来讲，其面临的税收问题可以说是最主要问题，解决好这一问题，民办高等教育可以说是松开了束缚，能够更好更快地发展。在 2006 年 12 月

---

❶ 杨龙军. 我国民办教育税收问题［J］. 教育与经济，2005（2）：47.

21 日国务院办公厅发布了《关于加强民办高校规范管理引导民办高等教育健康发展的通知》（国办发［2006］101 号），强调要依法落实民办高校的税收优惠政策。具体来说，对民办高等教育实施税收优惠可以起到诸多作用。

一、促进作用

合理的民办教育税收政策有利于促进教育领域公平竞争环境的形成。税收政策主要是通过两种方式来实现这一目的的，一种方式是通过税收政策的不同优惠程度对民办教育市场进行细分。通过税收政策将民办学校细分成捐资办学及不要求取得合理回报的学校和要求取得合理回报的学校两个不同的市场，并给予不同的税收优惠待遇，最终实现民办学校之间的公平竞争。另一种方式是通过为民办学校提供市场保护，实现教育行业与其他行业之间的公平发展。从行业的性质来看，即使是要求取得合理回报的学校，与营利性的企业事业组织相比，也是经济竞争中的弱者。出于权利平等、公平竞争考虑，国家对要求合理回报的民办学校也应采取予以保护，给予税收优惠待遇，这是税收的效率和公平原则的具体运用。

二、引导作用

合理的民办学校税收政策，能有效地激发社会力量举办民办教育的热情，能有效地解决民办学校的办学资金问题。国家及地方制定的民办学校税收优惠政策的宽严，实质上是向社会表明了国家及地方政府鼓励和支持民办教育发展的程度，合理的税收政策可以坚定社会力量投资办学或持续办学的信念，有利于民办学校的持续发展。如对于投资办学的社会力量而言，在考虑到社会效益和经济效益时，税收优惠政策成为他们举办学校的一个重要砝码。优惠的税收政策一方面可以减少民办学校不必要的开支，另一方面也有利于促成社会各界以捐赠或投资等形式增加对民办学校持续的经济投入。在"老少边穷"地区，因为教育财政的瓶颈，大力发展民办教育是一条出路，给予这些地区民办学校更多更有吸引力的税收优惠政策，使得民办教育在投入相对较小的情况下可以获得更多"合理回报"，可以激发民间资本向这些地区的流动，不仅帮助政府解决教育职能不平衡的问题，还能促进教育事业发展。另外，合理的税收政策可以优化民办学校的区域布局。一个区域的民办学校数量多少才适宜，难以用精确的数学公式来推算。由于利益的驱动和政策环境的差异，往往在一些地区，民办学校一拥而上，尤其在沿海的经济发达地区；而另一些地区，民办学校数量极少，正如前述的"老少边穷"地区。这就造成民办学校整体格局极不合理，也为民办学校的长远发展带来隐患。对民办学校的布局管理，传统的控制手段主要是行政审批，这种手段不但会因人情因素的渗入而造成民办学校进入门槛的事实不平等，同时也为政府官员的"权力寻租"提供了机会。合理的税收政策具有弥补行政调节这一方面的不足。通过税率的高低及优惠政策的程度这些调节手段，可以把民办教育投资者和办学者引导到合适的区域，从而达到控制区域内民办学校数量和层次的目的。

第四节

国外促进民办高等教育发展的经验与评析

西方的民办高等学校有悠久的历史，也形成相对完备的管理体制与法律制度框架。以全球的视野来看，积极发展民办高等教育，满足人们多样化的教育需求，弥补公办教育资源的不足，是世界各国发展教育事业的共同趋势和潮流。世界很多国家的政府部门对民办高等教育采取扶持政策，比如在匈牙利，民办学校的总经费中政府拨的经费占70%；在丹麦和奥地利，政府投入经费占到了80%；在挪威，政府投入经费占85%。韩国在民办教育发展的初期就通过《民办学校法》和《产业教育振兴法》，明确规定由政府补助民办学校设备费。韩国民办学校经费以自筹为主，国家支援为辅。20 世纪 90 年代，韩国政府资助占多科大学学校总支出的 2.5%，本科为 1.7%。他们的政策比较宽松，给予民办高等学校政策上更多的优惠，以利于学校的扩大发展。本章主要以美国、日本和英国为例，通过与我国民办学校进行比较分析，试图在其民办高等教育发展的具体制度上寻找经验，促进我国民办高等教育投入。

一、美国

美国政府和民间普遍认为，民办教育是国家教育事业的重要组成部分，民办学校为国家分担了理应属于政府承担的一部分教育责任，所以政府对民办教育应当给予资助。美国联邦政府和各州政府，除了根据国会立法中附有相应财政资助条款对民办教育进行直接资助外，还制定了大量间接资助民办学校的政策措施，如政府对非营利性学校实行免税制度、由公办学校对民办学校提供服务、政府对学生实行奖学金和贷款制度等。美国对公办和民办高等院校一视同仁，极大地促进了民办高等教育的发展。从总体上看，美国联邦政府并未出台专门针对公办或民办高等院校的特殊政策，其政策的基本出发点是对公办、民办院校平等对待。联邦政府一视同仁的资助政策使民办高等院校获得了重要的经济支持，政府所营造的平等环境保证了民办高等教育的健康持续发展。

（一）对民办学校进一步细分为非营利性民办学校和营利性民办学校

在美国的大多数州，一般存在公办学校、非营利性民办学校和营利性民办学校并存的现象。民办学校按照营利和非营利划分为两类，不同性质的学校其宗旨、管理模式、收入分配、活动领域等有所不同。不同州的民办学校的构成比例、法律地位、税收政策等各有特色，但多元化的办学模式、规范的法律制度体系以及对非营利学校的明确界定和税收优惠，是普遍存在的。美国宾夕法尼亚州的非营利学校免税法案还规定：学费必须低于学校花费，不足部分进行募捐；董事必须无偿工作；人员工资要合理；

入学和奖学金无歧视等。同时法律并不限定营利性学校的存在，只是像企业一样照章纳税，不能享受非营利组织同样待遇的税收优惠。

（二）重视民办学校的资金运作

美国联邦政府对民办学校的拨款甚至超过了公办学校。美国民办大学增加经费来源的另外一个渠道就是资金运作。这种运作渠道是将高等教育引入产业属性，尤其是进入资本市场后，民办大学实际就成为了一种产业。据不完全统计，美国教育上市公司有上百家，以公司大学的方式运作，以大学教育为主体成立教育投资或教育管理公司，然后进入资本市场，为民办高等教育提供了融资渠道，也为高等教育的大众化发展拓宽了融资和投资渠道。❶ 除此，它们还投资于股票、债券等金融市场，有些学校甚至成立了资产管理公司，委托专业人员来管理庞大的学校基金，投资收益已构成学校的一项重要收入来源。

（三）给予受教育者极大税收优惠

终身学习抵税，是指所支付大学、研究生、职业进修等教育费用的20%可以从税款中扣除；教育贷款利息抵减，则是指纳税人合格教育贷款前60个月的利息费用可以用来抵减应纳税所得额。该项优惠的限额不断增加，1998年为1000美元，1999年为1500美元，2000年为2000美元，2001年为2500美元。❷

二、日本

日本民办高校能够跻身世界一流大学名单的原因之一，就是民办高校同公办高校不仅享有同等的财政拨款，而且享有完全一致的税收政策。日本颁布了《民办学校振兴资助法》，由政府向民办学校振兴财团提供资金，

---

❶ 万玲莉，胡大敖．私立高等教育多渠道融资和多样化发展 [J]．理工高教研究，2004（10）：46。

❷ 王蕴瑢，李志英．促进民办教育发展的税收对策探讨 [J]．教育与经济，2003（3）.

再由其向开设民办学校的法人实施补助。补助金的分配采用倾斜方式，越是教育条件好、经营稳定的学校，得到的补助可能越多。下面具体分析日本政府给予日本民办高校的税收政策。

（一）日本直接扶持民办高校发展的法人税

日本法人税是对公司的所得扣除税法规定收入和费用之后，由国税征收的一种直接税，类似我国由国税局征收的企业所得税。法人税收入在税收总收入中占有的比重较高。根据 1988 年制定的《特定公益增进法人》规定，民办学院被认为是"特别影响到公益活动的增进"的公益团体——学校法人，不分公立与私立学校。政府为扶持民办高校的发展，对学校法人、宗教法人等的公益法人利息所得税和收益所得税减税。比如收益事业时发生的非课税收入及非收益事业时的法人税的非课税措施，收益事业时的法人税的减少措施等。把学校法人收益事业的过程中获得的收入转入学校法人会计，在一定限度之内把转入的金额纳入亏损额。1950 年纳入到亏损额的限度定为收入金额的 30%，1967 年增加到 50%，后来保持 50% 或一年 200 万元之内。降低民办高校收益事业所得法人税税率：日本普通法人的法人税税率为 30%，但对公益法人——学校法人的法人税税率是 22%。❶《法人税法》规定企业对特定公益法人（如日本红十字会、国际交流协会、学校法人等）的捐赠，在计算法人税时可以计算在亏损的金额内，但根据捐款企业的规模和所得有一定的限度。

（二）消费税、固定资产税减免政策

日本消费税制度具有消费型增值税性质，原则上包括日本国内所有的商品和劳务提供以及进口的商品，一律缴纳消费税。按理说消费税以任何购买商品和劳务提供为征税对象，但基于鼓励民办高校发展的客观因素，学校法人从事的与收取学费、授课费、设施费等有关的劳务提供不征收消费税；学校教育法规定的教学用书的转让等也不征消费税。固定资产税为市町村税，其收入是市町村政府的主要来源之一。固定资产税的课税对象

---

❶ 叶俊. 中日私立高校税收政策比较研究 [J]. 会计之友，2011（1）：125–126.

是固定资产，包括土地、房屋和折旧资产。学校校舍为非课税对象，即对学校的固定资产房屋是免征固定资产税的。

（三）遗产税与赠与税优惠政策

遗产税的课税对象是纳税人继承有经济价值的全部财产，以及继承人在继承发生的前 3 年里得到被继承人的生前赠与。依法律规定，继承人本应缴纳遗产税，但继承者在遗产继承的申报截止日之前，捐赠给民办学校的话，则继承人就捐赠学校部分可以不计入课税对象不征税，而且没有扣除的限制。但如果接受捐赠的学校法人 2 年之内不用于日常教育活动时，就不能享受这个优惠政策。赠与税是针对个人对个人的财产赠与的课税，法人对个人的赠与课征个人所得税。如果双亲对子女的教育费的赠与不课税，个人对学校法人的一定额度的财产赠与也不课赠与税。

（四）对个人捐款的税收优惠政策

在日本为了促进对公益法人的捐款，捐款者能享受到很多税收优惠政策。而民办学校是被认为公益团体中"特别影响到公益活动的增进"，因此对民办大学的捐款者能够享受到比一般捐款更多的优惠。对于企业享受到的捐款优惠在上述法人税优惠政策中已提及，在此重点谈及个人对民办学校的捐赠优惠。日本个人所得税的扣除包括两部分，对人的扣除和对事的扣除，个人捐款的优惠主要体现在对事的扣除，个人捐款者可以从个人所得税中扣除的捐款额为 1 万日元，同时也对扣除的最高限额作出相应规定：为个人综合课税所得总额的 25%。

（五）对民办学校学生家长的优惠政策

为了减少家庭的教育支出，1986 年和 1987 年 4 月的临时教育审议会报告中提出"应该要考虑抚养高中生或大学生家长的过度负担"。1996 年制定特定抚养家属制度。对抚养 16 岁到 22 岁学生的家长采取了增加个人所得税和居民税中的抚养扣除金额。关于所得税扣每人 10 万日元，居民税

扣 5 万日元。❶

三、英国

PPP 模式（public private partnership）是 20 世纪 90 年代在英国兴起并在西方国家广为流传的一种公共产品提供的新型模式。其实质是公共部门根据社会对公共产品的需求，提出建设项目，通过法定的招标和投标程序确立合作的伙伴——私人部门。那么私人部门承担什么责任呢？私人部门负责项目的涉及、建设、运营和维修，也就是说是私人部门主要进行公共产品的生产并通过公共部门的付费来获得成本的补偿。近年来，世界各国都在公共产品领域实践着 PPP 模式，这一模式也证明了它的优越性——政企分开、效率与公平的相结合等。英国的 PPP 模式在教育领域的实践主要集中在高等教育领域。英国政府对于接受委托提供"偏公共产品"教育的私人部门民办机构给予全额的财政资金扶持，全面纳入财政保障范围。

世界各国民办高等教育发展的成功经验可以为我国民办高等教育的发展提供比较有益的借鉴以制定民办教育的扶持政策，促进民办教育与公办教育共同发展，大致可归纳为：

第一，民办高等教育与公办高等教育一样，是我国高等教育的组成部分。各级各类的民办学校实施的教育，尤其是民办高校所实施的高等教育层次的教育，是与公办高校所实施的教育享有同等重要性的国家教育事业。作为国家高等教育的组成部分，民办高校也有权获得公共财政资助。大凡成功的民办高校，都有公共财政资助，有的财政资助甚至占了学校财政收入的大部分。

第二，对各种民办高等学校进行细分。包括美国在内的大多数国家，一般存在公办学校、非营利性民办学校和营利性民办学校并存的现象。民办学校按照营利和非营利划分为两类，不同性质的学校其宗旨、管理模

---

❶ 叶俊. 中日私立高校税收政策比较研究［J］. 会计之友，2011（1）：125－126.

式、收入分配、活动领域等有所不同。不同国家民办学校的构成比例、法律地位、税收政策等各有特色，但对非营利学校的明确界定和税收优惠，是普遍存在的。对于非营利学校，各国均有一定的法律法规进行规范。美国对非营利学校的规定主要依据联邦所得税法，对享有免税待遇的非营利组织包括非营利学校做了具体规定。日本、韩国，以及我国台湾地区等均有专门的民办学校法对民办学校进行规范。这些国家和地区的民办学校法或税法都规定了非营利学校的一些必须条件，重要的如：学校必须捐资举办，捐赠人及有关人员不享有回报，利润不得分红，学校停办或解散时剩余财产不得归任何私人或营利组织所有，学校享受免税待遇等。同时给予了营利的民办学校一定的优惠制度，当然，这些营利的民办学校的优惠制度远远少于非营利性的民办学校。

第五节

促进我国民办高等教育发展的思路

《民办教育促进法》颁布后，关于民办高等教育产生的一系列教育财政与税收问题，成为世人关注的焦点。《国家中长期教育改革和发展规划纲要（2010—2020年）》高度重视民办教育的发展，用一个章节专门论述深化办学体制改革、大力支持民办教育发展的问题。《国家中长期教育改革和发展规划纲要（2000—2020年）》明确指出："民办教育是教育事业发展的重要增长点和促进教育改革的重要力量，各级政府要把发展民办教育作为重要的工作职责，鼓励出资办学，促进社会力量以独立举办、共同举办等多种形式兴办教育。"显然，《国家中长期教育改革和发展规划纲要（2010—2020年）》赋予了民办教育新的历史地位和重要使命。通过把民办高等教育融入到教育的整体体系中的一些制度设计，促使民办高等教育发展得更快、更好，充分显示了国家发展民办教育的决心和理念。因此，在对促进我国民办高等教育发展的财政与税收政策进行深入研究的背景下，我们试图提出财政与税收方面的政策建议。

一、明确民办教育的法律地位

在我国，民办教育是一种准公共产品，具有特殊的属性。一方面它为社会提供教育服务，为社会作出了与公办教育同样的贡献；另一方面又摆脱了政府包办教育的局面，使教育资金来源多元化，使国民教育选择多样化，促进了社会的公平、民主和自由。值得特别关注的是，我国民办教育的公益性居于主导地位，私人投资和获得合理回报要从属于教育的公益性。《民办教育促进法》第 3 条明确规定了民办教育事业属于公益性事业，是社会主义教育事业的组成部分。国家也在民办教育发展的各个方面给予一定的奖励和帮助，以鼓励民办教育的发展。民办教育经营中如果出现盈余，必须把全部或绝大部分都投入到学校的建设或其他与教育、教学的相关项目中去，不能非法私分。事实上，我国的民办学校尽管大多数为投资型举办的，但并不都是以营利为目的的民办学校，民办学校都在真实地为社会主义建设服务着。民办学校的经营与发展，更多地分担了相关的社会责任，作出了很大贡献，民办教育已经成为我国教育体系中不可或缺的重要组成部分。

为支持和规范民办教育发展，发挥社会力量办学的积极性，我们必须更新观念，明确民办教育的法律地位。《宪法》第 19 条规定："国家鼓励集体经济组织、国家企业事业组织和其他社会力量依照法律规定举办各种教育事业。"《教育法》第 25 条规定："国家鼓励企业事业组织、社会团体、其他社会组织及公民个人依法举办学校及其他教育机构。"这已经确立了我国社会力量办学的法律地位。国务院颁行的《社会力量办学条例》第 3 条规定："社会力量办学事业是社会主义教育事业的组成部分。各级人民政府应加强对社会力量办学工作的领导，将社会力量办学事业纳入国民经济和社会发展规划。"《中华人民共和国国民经济和社会发展第十个五年计划纲要》指出："加快办学体制改革，积极鼓励、支持和规范社会力量以多种形式办学，基本形成以政府办学为主，公办学校和民办学校共同发展的格局。"为此，我们必须高度重视民办教育的发展，采取切实措施，落实民办教育应有的法律地位，使其与公办教育享受同等的税收及其他优惠政策，从而为民办教育创造一个公平、公正、平等的发展环境，促进民办教育事业健康发展。《国家中长期教育改革和发展规划纲要（2010—2020年)》同时也规定，依法落实民办学校、学生、教师与公办学校、学生、教师平等的法律地位，保障民办学校办学自主权。清理并纠正对民办学校的各类歧视性政策，积极探索和制定促进民办教育发展的优惠政策。在促进民办教育发展方面，沿海地区做得较好，例如，上海市政府自2004年起每年从财政拿出4000万元设立民办教育发展专项资金，并通过"全覆盖"的办法，在全国率先实现了国家助学贷款和国家奖学金向包括民办高校在内的所有贫困大学生开放，促进了公办高校和民办高校学生的同等待遇和一视同仁。

二、对民办高等学校分类管理下加大财政政策支持力度

民办教育是实施科教兴国战略的重要组成部分。当前我国教育面临的基本矛盾是人民群众对于教育迫切的需求和优质教育供给的不足。在穷国办大教育基本格局的情况下，一方面政府要大力增加对教育的投入，同时还要积极地组织社会各方面的力量支持教育、参与到教育活动中来。由于民办教育具有机制灵活、适应市场、讲究实效的特点，能弥补公办教育在这方面的不足。税收公平理论认为，税收应公平合理，对纳税人要一视同仁。这就要求税收政策必须公正合理，对相同条件的纳税人给予同等待遇。作为教育事业的重要组成部分，民办教育也具有同样的特征。民办教育不仅能使受教育者提高个人的知识水平和劳动技能，获得较好的就业机会和较高的收入，而且随着受教育者文化素质和道德素养的提高，将会在提高社会劳动生产率，促进科技进步，降低犯罪率，促进精神文明建设等方面发挥积极作用，进而促进经济发展和社会进步。显然，民办教育与公

办教育是教育这种公共产品提供的两种不同方式，民办教育并没有因为其举办主体及资金来源与公办教育不同而改变其公益性特征，相反，它同样能增进整个社会的福利水平，但民办学校进一步区分则更能为民办教育尤其是非营利民办教育提供机会。各国通常对民办高校有营利性和非营利性区分，这种区分的根据是高校从事活动的目的不同而进行区分。对从事非营利性的民办高校，都采取与公办高校相同的税收优惠政策，而营利性民办高校虽以利润最大化为目的，但也具有公益性，通常给予高于一般企业的税收优惠。

健全公共财政对民办教育的扶持政策，开展对营利性和非营利性民办学校的分类管理，根据民办学校的不同社会作用，针对性的采取不同的支持思路。具体而言，对非营利性民办学校加大财政支持力度；对营利性民办院校在给予一定的教育财政支持之外加大税收优惠力度。对那些接受政府委托承担教育任务以及培训任务的民办学校，在财政安排公用经费、免杂费和资助贫困生等补贴资金时，与公办学校享受同等待遇，拨付相应教育经费。在学前教育、高等教育、职业教育、继续教育等社会力量参与较多的领域，各级政府可采取多种方式购买服务，拨付一定的教育经费并主要采取税收优惠的方式支持民办教育发展。对发展民办教育作出突出贡献的组织、学校和个人给予奖励和表彰。针对我国目前民办高等教育的财政政策状况，设立对民办高等教育的预算投入政策。预算科目中增加支持民办高等教育发展的科目，每年相应安排一定的财政资金。财政资金重点支持边远贫困地区、少数民族地区的民办高等教育。对民办高校实行财政贴息政策，财政贴息可以通过少量财政资金的投入引导更多的社会资本投入到政府鼓励的领域，放大财政资金使用功效，起到"四两拨千斤"的作用。实行市场导向的收费政策，鼓励民办高校在竞争中提高效率和效益。

三、改革民办高等学校收费机制，对受教育者直接给予支持

目前，我国各地民办高校基本上是实行"准成本收费"，即民办高校

收费标准为审批制。其办学成本中包括事业费和基建费折旧等项目，而且变数很多，尤其是人员费用的弹性很大，很难对办学成本作准确估计，因而各地民办高校的收费标准也存在较大差别。假如完全按市场行为办学，则不需要政府规定，可以通过市场竞争定价。实际上，在教育领域，通常都有一个相对稳定的学费水平，质量不同的高校之间学费也不会有太大的差别。高质量的学校可以招收到较多、较好的学生，从而实现对办学效益的回报和对办学水平的肯定。因此，对于民办高校，尤其是不接受政府资助的取得合理回报的民办高校，政府可以放宽对其学费标准的控制，答应其按照高于办学成本的标准收费，并由市场来调节其学费水平高低。

扩大对民办高校学生的资助，鼓励优秀学生接受民办高等教育。在高等教育阶段，为保障民办高校学生的平等权益，政府应该通过多种不同方式对民办大学生提供一定的资助。教育是一项耗资巨大的社会公益性事业，很多发达国家财政性教育经费的15%用于资助民办教育，而目前我国民办教育的政府财政支持比例与现有民办教育的的规模相差甚远。可以考虑将国家的公益彩票事业的一部分收入充当民办教育的发展基金，基金应该直接用于民办教育的发展，可以专门资助办学机构也可以发给学生个人。政府还应给予适当的财政资助，民办教育取得了政府财政经费才可能使更多的投资者把民办教育当成事业来经营，并通过提高教学质量和降低学费两个方面使民办教育获得更大的发展空间。

四、区分民办高等教育营利性，给予有差别的税收优惠

"税不进校"是世界通行的做法。未来支持引导民营资本投资教育事业，落实民办学校应享受的税收优惠政策，减免学校办学过程中的有关税费，降低学校办学成本。我国民办教育的税费问题是民办教育能否大发展的一道坎，对民办学校实行税收优惠应是国家对民办教育进行扶持的重要表现，也是民办教育向前顺利发展的关键之一。我国《民办教育促进法》和《民办教育促进法实施条例》的颁布实施，为民办教育的健康发展提供法制保障。就目前我国民办教育发展的形式来看，只有确立民办教育税费

优惠措施和贯彻落实各项扶持政策，使公办学校与民办学校之间能公平地
享受合理的税收优惠，才能保证我国民办教育健康地发展。一些地方，对
不同性质的民办学校在税收方面不加区别，这种一刀切的做法不仅打击了
部分民办学校投资者和管理者的积极性，更难以把民办学校的举办者引导
到合适的区域，导致税收政策的导向功能失效。因此，有必要对营利性与
非营利性民办教育机构进行区分和界定。调整民办高等教育税收政策，对
民办高等教育进行营利性与非营利性区分后，对税收政策也相应地进行
区分。

　　我国的民办学校绝大多数属于投资办学而非捐资办学，通过办学来获
取合理回报是广大举办者的一个根本意愿。我国为了扶植民办教育的发
展，为了使那些致力于教育事业和所办的民办学校水平高、社会反应好的
出资人得到鼓励，允许出资人取得合理回报。2002 年第九届全国人民代表
大会常务委员会第三十一次会议通过了《中华人民共和国民办教育促进
法》对几次审议中最具争议的民办教育能否营利问题作出规定："民办学
校在扣除办学成本、预留发展基金以及按照国家有关规定提取其他的必需
的费用后，出资人可以从办学结余中取得合理回报。"显然，国家的法律
承认了营利性民办学校的法律地位。营利性民办高等教育机构虽然以获取
回报为目的，但也具有公益性特征，应适当缩小营利性民办高等教育机构
与公办高等教育机构的待遇差别。我们建议在现有民办高等教育优惠政策
的基础上，对营利性民办高等教育机构自用的房产和土地免征房产税和城
镇土地使用税。在企业所得税方面，对从事学历教育取得的教育服务收
入，在开办初期予以 3～5 年的免税，免税期满后，依法征收企业所得税；
对营利性民办高等教育机构受政府委托承担部分义务教育任务而获得的教
育经费，免征企业所得税。在捐赠税收扣除方面，对非营利性民办高等教
育机构的捐赠予以全额扣除，而对营利性民办高等教育机构的捐赠不应扣
除，鼓励社会向非营利性高等教育机构捐赠。非营利性的界定可以考虑三
个标准，一是宗旨不以营利为目的；二是利润不能在成员间进行分配；三
是资产在任何时候都不能转为私人所有。这里所说的非营利性并不等于不
能有结余或盈利，事实上，非营利性教育机构也必须有盈利才能滚动发
展，只是其盈利不允许被分配，而不是不能积累。非营利性民办高等教育

机构不为任何私人谋利，不要求取得回报，具有较强的公益性，其本质特征与公办高等教育机构非常接近，因此应给予其与公办高等教育同等的税收待遇。另外，民办教育除继续保持原有办学的补充优势外，还应根据《国家中长期教育改革和发展规划纲要（2010—2020 年)》的要求，重点到少数民族地区、偏远贫困落后地区去举办学前教育、义务教育。地方政府可以实行"民办公助"等形式办学。这些民办学校承担了政府的教育职能，我们应该给予这些接受委托提供教育服务的民办学校和公立学校一样的财政与税收制度。

对民办高等教育进行营利性与非营利性区分后，我国应该对公办高等教育、非营利性民办高等教育、营利性高等教育三种不同形式的教育机构实行分类治理，在治理中不能轻民办、重公办，搞歧视待遇。非营利性民办教育机构其本质特征与公办教育机构非常接近，因此对于非营利性民办教育与公办教育的税收待遇应一视同仁。营利性民办教育机构虽然以获取利润为目的，但也具有公益性特征，应适当缩小营利性民办教育机构与公办教育机构的差别待遇。完善民办学校法人治理结构，切实保障民办学校法人财产权。明确各类高等教育机构必须按照规定办理税务登记，按时进行纳税申；税务机关应对各类教育机构的免税项目进行严格审查，对应税收入要依法征税，对违反税收法律法规的行为，必须按照《税收征管法》的有关规定予以处罚。

第八章

改革个人所得税制度，鼓励
高等教育支出

第一节

我国个人所得税的现状

纵观世界各国，绝大多数国家都开征了个人所得税，在部分国家个人所得税已成为主体税种之一。目前，个人所得税可以作为重要的财政政策工具和收入分配工具，是国家对公民各项应纳税所得进行征税的税种，征收目的在于调节居民收入分配，同时也是增加财政收入的重要途径，对促进社会公平具有十分重要的意义，在每个国家的税收体系中都占据重要位置。

我国《个人所得税法》出台于 1980 年，最初的个人所得税全年税额只有 10 余万元，在我国财政收入中所占的比重几乎可以忽略不计。到了 1993 年个人所得税制改革时全年收入额也只有 40 多亿元。1994 年实施新税制，个人所得税收入开始逐年迅速增长，当年为 72.7 亿元，然而，到 2004 年个人所得税收入已经达到了 1737.1 亿元，成为全国第四大税种。2005 年个人所得税收入历史性地突破了 2000 亿元，《个人所得税法》后来虽几经修订，不断提高工资、薪金的费用扣除标准修订后，但是个人所得税的税收收入并没有减少，2012 年达到了 5820.24 亿元，❶ 2014 年更是达到 7377 亿元。对缓解处于社会主义初级阶段的我国财政紧张状况发挥了十分重要的作用，也使税收的效率功能得以充分发挥。如果说 1980 年我国开征个人所得税的目的是为了适应改革开放条件下对来华从事经营活动的外国人进行征税的需要，符合国际惯例，而在随后颁布的《城乡个体工商户所得税暂行条例》和《个人收入调节税暂行条例》则是为了调整社会分配并在一定程度上取得财政收入。1994 年 1 月 1 日起开始施行的《个人所得

---

❶ http：//finace. china. com. cn/news/gnjj/20150130/2936819. shtml［EB/OL］. 2015 - 07 - 26.

税法》，合并了原来的个人所得税、个人收入调节税和城乡个体工商业户所得税三个税种，通过这次改革，使我国个人所得税朝着法制化、科学化、规范化的方向迈进了一大步。但是，随着我国市场经济的发展，改革开放进一步深入和扩大，以及中国加入WTO后必然引发的经济格局和收入格局的变化，个人所得税无论在规则上还是征管上都暴露出不少问题。从有关资料统计来看，2001～2003年我国工薪阶层缴纳的个人所得税的比重已达50.93%，有些地区已高达70%甚至80%。在纳税人数上也由1998年的1.09亿人次达到了2004年的2.6亿人次，反映在现实生活中则表现为真正拥有高收入的人并没有多缴税。2006年开始实行个人所得税高收入者自行申报制度，但从已申报人员的结构上看，仍然由工薪阶层"唱主角"，私企老板、自由职业者和个体工商户仅占少数，而被列为高收入人群相对集中的行业，申报人数也相对较少。据统计，北京市高收入集中的海淀区高收入者纳税比重仅占总额的8%；广东省高收入者的纳税比重也仅占省内纳税总额的2.33%。当然，这不只是北京和广东的个别现象。而据国外的有关资料显示，美国国税局1999年统计，5%的富人缴纳了约55%的税收，最富的1%的富人缴纳了19%的所得税，55%的较低收入的人口缴纳的所得税只占所得税总额的4%。这些数据都在表明我国贫富差距继续拉大，而我国个人所得税开征之初应该说是主要采用公平原则，其目标模式的选择是采用公平原则以调节个人收入，实现社会公平。而现阶段，个人所得税处在一个非常尴尬的境地，甚至与其初衷背道而驰。

2007年我国《个人所得税法》再次修订，虽然所修订的内容仅仅局限于个人所得税工资薪金部分免征额的调整，但其所受关注的程度不亚于2005年的那次税法修订，由此可见个人所得税法在人们心目中的位置及对社会经济生活的影响。2005年《个人所得税法》修订后总体来说新税制运行平稳，纳税主体范围有所缩小，并强化了个人所得税的征管制度，税收收入也得到了相应的增长。到2011年《个人所得税法》又历经了一次修改，这次修改的内容除了提高工资薪金扣除标准外，还对其所适用的超额累进税率的级次进行了调整。然而，随着个人所得收入的增长，工薪阶层再次成为个人所得税最主要的纳税主体，使本来是主要针对富有者征收的个人所得税在实践中变成了大众税，从而引起人们对个人所得税法的普遍关注和质疑，个人所得税究竟是调节了谁？除此之外，涉及个人所得税法的价值功能课征模式、纳税主体及范围、税率与减免税等诸多方面的问题在多次个人所得税法的修改中并未得到体现，由此可见，要制定一部科学、完善的《个人所得税法》还有很长的路要走。

第二节

个人所得税制约高等教育发展

当前，个人所得税已成为我国的第四大税种，也是近年来全社会关注程度最高、改革力度最大、改革次数最多、最具活力和潜力的一个税种。由于我国的个人所得税起步晚，发展尚不成熟，个人所得税在职能定位、税制设计和税收征管方面都存在一些弊端，面临着全面深入的改革。中国现行个人所得税模式为典型的分类所得税，将全部收入分解为十一大类，采用不同税率分别单独课征。这种税制模式无疑制约了高等教育的发展。

一是个人所得税确定扣除额时一般只考虑个人的日常开支，忽略了家庭开支、未成年子女的抚养费用、接受教育费尤其是高等教育费用、高房价、高医疗价格及通货膨胀等诸多因素，导致费用扣除标准较低，应纳税所得额增大，加重了工薪阶层负担。在费用扣除问题上，未能充分考虑纳税人的职业、支出和家庭负担。例如，同是月工资收入 5000 元的个人，将其全部用于个人支配还是用于供养一家老小，纳税人的纳税能力是有区别的。不言而喻，虽然应纳税额相同，若将收入用于个人支配，其负担相对较轻，而将收入用于供养一家老小的纳税人则负担沉重。❶ 此外，费用扣

---

❶ 郝琳琳. 我国个人所得税法若干问题研究 ［J］. 北京工商大学学报，2005（7）：79.

除标准的设计，还应考虑物价上涨因素和地区经济水平的差异。我国目前的分类所得税模式缺乏弹性，征税成本较大，而且由于没有充分考虑不同家庭具体情况等问题，因此在追求公平税负方面作用有限，这显然违背了我国个人所得税的设计初衷。

二是对高校科研人员个人所得税缺乏相应政策鼓励，对人力资本投资的支持力度较小。现行税法对高科技人才的税收支持是非常有限的，仅在《个人所得税法》中规定了"省级人民政府、国务院部委和中国人民解放军军以上单位、外国组织、国际组织颁发的科学、教育、技术、文化、卫生、体育、环境保护等方面的奖金"，以及"政府特殊津贴""院士津贴"，才可以免征个人所得税，对省级以下单位和各企业发放的科学成果奖、科技进步奖均须征收个人所得税。而且个人所得税法不允许将高科技人才的教育投资成本在税前扣除，对高科技人才因创新而获得的股权收益等也缺乏相应的减免税优惠。❶ 例如，对科技人员以股份或出资比例等股权形式给予个人奖励，奖励人在取得股份、出资比例时，暂不缴纳个人所得税；但是取得按股份、出资比例分红或转让股权、出资比例所得时，却依法缴纳个人所得税，以及科研活动中取得的劳务费须按 20% 的税率缴纳个人所得税。税收政策对高校科研人员缴纳的个人所得税缺乏必要的鼓励，影响科研人员从事科研活动的积极性。

第三节

我国个人所得税的改革方向

当前，个人所得税保障国家财政收入的同时，我们也看到个人所得税

---

❶ 郝琳琳. 促进企业自主创新的税收法律制度研究 [J]. 特区经济, 2009（2）: 237 – 238.

的调节功能发生了显著变化。虽然个人所得税的效率功能得以充分发挥，但是其调节收入差距的功能和公平收入的功能却被大打折扣，与个人所得税的设计初衷出现了较大的背离。个人所得税已经变成一些低收入家庭的沉重负担，增加了其生活压力，没有起到调节收入的作用，但个人所得税在我国税收收入和 GDP 中所占的比重比较大，若取消个人所得税将不利于国家税收收入，这两方面似乎无法进行调和。随着我国社会经济的发展和国民收入的增长，个人所得税的快速增长已成为不争的事实，成为现阶段我国最有影响力的税种之一，个人所得税征收模式的选择将对该税的发展和走向产生巨大的影响。综观各国个人所得税的征收模式，大致可分为分类税制、综合税制和混合税制三种。

一、分类所得税模式

分类所得税模式是指归属于某一纳税人的各种所得，如工资、薪金、股息红利等，均应按税法规定单独分类。按各类收入适用税率分别课税，不进行个人收入的汇总征税。分类所得税模式的理论依据在于纳税人不同的收入体现了不同的性质，要贯彻区别定性的原则，采取不同的方式课征，做到公平合理，确保劳动力因素和资本因素的区分。❶ 因此，一般情况下工薪所得是依靠劳动取得的收入，其税率相应较轻，而利息、股息、红利和租金等则是资本性投资理财所得，其税率相应较高。分类所得税模式可以广泛采用源泉课税法，课征简便，节省征收费用，可按所得性质的不同采取差别税率，有利于实现特定的政策目标，但它不能按纳税人全面的、真实的纳税能力征税，不太符合公平负担原则。英国的"所得分类表制度"是分类所得税模式的典范，当今纯粹采用这种课征模式的国家不多。

---

❶ 付伯颖，苑新丽 . 外国税制［M］. 大连：东北财经大学出版社，2007.

二、综合所得税模式

综合所得税模式是指属于统一纳税人的各种所得，不论其从何处取得，也不论其是以何种方式取得，均应汇总为一个整体，并按汇总后适用的累进税率计算纳税。综合所得税模式的理论依据为个人所得税是一种对自然人课征的收益税，其应纳税所得应当综合纳税人的全部收入在内。这种模式税基宽，能够反映纳税人的综合负税能力，并考虑到个人综合情况和家庭负担等，给予减免照顾，对总的净所得采取累进税率，可以达到调节纳税人之间所得税负担的目的，并实现一定程度的纵向再分配。但它的课征手续较繁，征收费用较多，且容易出现偷漏税，要求纳税人有较高的纳税意识，征税人有先进的税收征管制度。美国等发达国家的个人所得税模式属于这一类型。目前世界上许多国家都采取这种个人所得税制，美国是采用彻底的综合型个人所得税模式的代表国家，这与它拥有先进的现代化征管手段，对个人的主要收入能实行有效监控相适应。

三、混合所得税模式

混合所得税模式是分类所得税模式和综合所得税模式的叠加，即先按分类课税，再采用综合所得税模式对全部收入汇总征收并清缴。混合所得税模式理论依据主要考虑兼有分类所得税模式与综合所得税模式各自之所长，但这种模式在税收的公平与效率两方面都不可能有超出分类所得税模式和综合所得税模式的优点。日本、英国等国家的个人所得税模式属于这一类型。

考察世界各国个人所得税模式的历史演变过程可以看出，分类所得税模式因为操作简单快速和征收成本较低而较早实行，以后随着监管手段和技术的发展演进为综合所得税模式，更多的则发展为混合型所得税模式。按照税收发展的规律和发达国家经验以及我国的具体征收管理的实践，综合所得税模式不符合中国目前国情。同美国以及西方发达国家相比，我国目前的税收征管水平较低，收入难以全面监控，涉税信息的交流制度尚未建立，缺乏科学高效的计算机支持系统，不具备实施综合型所得税模式的条件。混合所得税模式较符合我国目前的实际情况。这样可减少申报纳税人数，节省大量的人力、物力、财力，达到简化征管的目的，适应我国当前的税收征管水平，又体现了相对公平合理的原则，有利于加大调节收入分配的力度。因此，建议实行以综合税收为主、分类税收为辅的征收模式。

第四节
国外个人所得税改革的经验与评析

通说认为个人所得税起源于英国，至今已有 200 多年的发展历史。个人所得税产生初期，一般是作为临时性筹措经费措施，直到第二次世界大战结束后，个人所得税才有了进一步发展，其功能也从筹措战时经费转向调节经济与收入分配的职能。本章通过分析主要发达国家个人所得税发展历史，力图为我国的个人所得税的完善提供一些建议和思路。

一、美国

在美国，个人所得税征收额占各级政府全部税收的 1/3 以上，占中央政府税收的 45% 左右。美国税法对纳税人的划分十分详细。纳税人除了分为居民纳税人和非居民纳税人之外，美国个人所得税法中的纳税人还可以区分为单身申报纳税人、已婚联合申报纳税人、户主等多种类型，不同类型的纳税人的税务待遇有一些差别。在个人所得税制度和运行机制方面，当今的美国比较完善且具有代表性，采用综合税制申报缴纳个人所得税。一个人在本年度内，各种渠道所得的收入（包括劳动所得和资本利得），均汇总为当年收入总额，扣除个人（家庭）成本费用、个人免税及家庭生计等必须支出项目之后，根据净额划分不同档次，分别按超额累进税率方式进行所得税征收。

（一）税前的扣除范围设定了较宽泛的标准

美国的个人所得税主要是从家庭收入的经济结构和人口构成及从事行业等因素进行权衡，其个人所得税首先减除免税部分和抵税部分，然后根据现行税法规定的税率进行征税。从实践中看，在美国中低收入的家庭，孩子较多或者老人较多的家庭，会得到政府许多的税收优惠。美国对于家庭生计等扣除项目还制定了具体实施细则，即按照不同年龄层次作出了明确的限额规定，还对个人（家庭）申报方式作出了详细扣除标准，也对每个纳税人抚养的家属给予个人宽免额。这种制度的运行和实施，即有利于国民生活待遇的平等及安居养老，又利于国家税收制度的稳步提升及经济发展。例如，联邦所得税法规定，本科生奖学金和研究生奖学金都属于免税收入；由雇主或法律要求的教育开支，如法律和医学继续教育，可以免税。在1986年的《税制改革法》中，国会对《国内税法》第117款作了如下修正，一是只有那些申请学位的学生可以将奖学金或者研究生奖学金排除在总收入之外，其他学生，如博士后学生，则必须为他们获得的补助金纳税。二是任何奖学金或研究生奖学金只有用于学费、修课费、生活用品和设备费的部分才能从总收入中扣除，用于食宿等开支的部分则不能从收入中扣除。三是作为教学、研究或其他服务补偿的奖学金或者研究生奖学金不能从收入中扣除。❶

（二）社会保障制度完善

在社会保障体系下，如果一个孩子的父母残废、退休或患病，他就可以获得社会救济金，但他的年龄必须在18岁以下或是一个18～21岁的学

---

❶ 张旺. 美国联邦政府高等教育税收优惠政策及借鉴［J］. 涉外税务，2009（6）：36－37.

生，所有的社会保障救济金（包括学生救济金）都是免税的。

（三）实施个人退休教育账户

如果家庭中有不满18岁并且依赖家庭生活的孩子，这些家庭可以每年往个人退休教育账户储蓄500美元，虽然该存款不能享受联邦所得税减免，但其利息收入可以免税。如果这笔钱将来用于高等教育开支，则可以不计入受益者的总收入中纳税。享受退休教育账户免税政策的学生在同一年内不能享受希望税收减免和终身学习所得税减免政策。纳税人及其配偶、子女均可以从个人退休教育账户支取现金用于高等教育开支，支取现金的个人需缴纳部分现金的所得税，但早期支取的现金不必缴纳10%的所得税。❶

美国的个人所得税采用综合所得税类型，这种类型的所得税比较符合按能力负担的公平原则，虽然征收手续复杂，但由于美国纳税人具有较高的纳税意识且财务会计制度较为健全和税收管理制度较先进，因此可以取得较好的效果。❷

二、英国

1799年英国开始征收个人所得税，是最早征收该税种的国家，目前个人所得税是英国第一大税种，占全部税收总额的35.6%。英国个人所得税应税所得主要包括：薪金收入、利息所得、养老金，失业救济金、出租所得，及投资所得等，在征税时以年为纳税期限。英国的课税模式曾经属于分类制，但目前已向综合制转变，在对个人所得进行分类的同时，在计税时对工作所得、部分资本所得及经营所得合并计算，整体而言可以将英国个人所得税模式定位为分类综合制，即混合所得税模式。

首先，英国个人所得税扣除费用中的成本费用扣除是指在特定收入项目中发生的必须、完全、唯一的费用，否则不可扣除，包括工作人员扣除

---

❶ 张旺. 美国联邦政府高等教育税收优惠政策及借鉴［J］. 涉外税务，2009（6）：36 - 37.
❷ 李敏. 个人所得税制度改革国际比较与启示［J］. 河南机电高等专科学校学报，2011（7）：47 - 49.

及个体经营者扣除，这两者均是以个人财产支付公司运行中发生的费用在计税时予以扣除，主要区别是公司形式不同，个体经营者类似于个人独资企业及个体工商户，基本扣除费用均包括固定资产费用，业务支出，差旅费，办公费用等。其次，基本生活扣除费用主要是指个人宽免费用，年长者有更高额度宽免（英国对养老金收入征税）；已婚伴侣宽免，即纳税人已婚或有伴侣后可以申请一定免税额，此外伴侣间可将上年度未使用的宽免额在本年度转让给伴侣或下年度前的将最小已婚伴侣宽免分享或转让给另一方，十分灵活。最后，英国个人所得税中的特别扣除费用包括盲人宽免及慈善捐赠宽免，盲人宽免即在政府认定并登记的盲人，或是因视力问题而无法工作的纳税人申请的纳税额宽免，而且如果该项宽免额仍有剩余的话也是可以转让给伴侣的。慈善捐赠宽免包括财物捐赠和资产捐赠，即向慈善机构捐赠财物后可按财物原值的一定比例扣除计税前的费用以及向慈善机构捐赠其他资产也可以获得一定的税收减免，如信托基金、股票、债券等。

在征管模式上英国曾经与我国类似，对纳税人收入以源泉扣缴为主，由纳税人的收入支付方进行代扣代缴，但随着经济的发展和纳税人收入源泉发生了结构变化，目前英国开始实行以纳税人申报为主，申报纳税与代扣代缴相结合的模式。根据所得项目的来源分别在来源上先行征收，在纳税年度末期将纳税年度全部所得减去规定的扣除费用再根据税率计算当年应纳税额，最后计算的税额与已缴纳的税额对比，多退少补。❶

三、日本

日本开征个人所得税至今有百余年历史，同样该税种现已成为日本主要税种之一，占税收总额的三分之一。与英国相似，日本的个人所得税实行的是分类所得与综合所得相结合的混合所得税模式，将纳税人的全部所得分为十大类，其中综合所得中包括：工资薪金所得、营业所得、资本所

---

❶ 国家税务总局税收科学研究所. 外国税制概览［M］. 北京：中国税务出版社，2012.

得、不动产所得和其他所得，分类单项所得包括：小额红利所得、利息所得、山林所得、以及不动产所得和股票转让所得。以上项目在计税时，综合所得项目总额减去扣除费用后按累进税率计算税额，其中扣除费用项目包括：基本生活费用、抚养费用、配偶附加费用、残疾人附加费用、医疗费用、保险费用、社保费用、捐款及灾害损失等，分类单项所得项目按泉源分别计税，主要按比例计算，最后将计算出的税额累计相加计算最终纳税额。

日本个人所得税扣除费用中综合项目的范围也是非常广泛，在扣除时充分考量了纳税人本人及其家庭的实际情况，最大程度地包含了纳税人家庭的日常开销，保证了其日常生活不受影响，能够全面的反映个人所得税中的人权原则。其中抚养扣除费用包括纳税人的基本生活费用扣除、抚养费用扣除、配偶的特殊费用扣除、配偶的基本生活费用扣除，若被抚养人为残疾人，则享受残疾人附加扣除费用政策。因为在日本纳税人可以选择家庭申报纳税，因此抚养扣除费用的总额可以用以上各项目累计计算，所以，家庭人口不同，三口之家、四口之家或无被抚养人家庭扣除费用完全不同，最终使收入相同但支出不同的纳税家庭的征税起点和应纳税额与纳税人的负税能力能够相适应❶。

四、国外个人所得税制度的启示

（一）扣除费用模式的选择以混合税制为主

除以上发达国家的课税模式实践外，泰国、马来西亚等发展中国家实行的是交叉型的混合课税模式，分类收入在各自类别内减除扣除费用后还可以获得综合扣除，因此可以说各国通过将分类课税与综合课税中的相关因素结合，形成混合税制模式下不同扣除方式。根据该项所得属于经常性所得还是非经常性所得，劳动所得还是资本所得，存在扣除费用所得还是

---

❶　石勇．日本个人所得税费用扣除制度对我国的启示 [J]．经济法研究，2013：214.

不存在扣除费用所得来划分课税模式，结合税收效率原则确定具体的符合本国国情的混合课税模式。

（二）扣除费用中充分考量生计因素——扣除项目范围广泛

各国对于个人所得税中扣除费用的模式和方法虽然不尽相同，但是对于纳税人基本的保障都十分重视，扣除项目比较丰富，涉及纳税人生活的各个方面。我国扣除费用中应当增加赡养老人与抚养子女及照顾无收入配偶的费用，此外其他可能发生的费用，包括纳税人家庭的教育费用、住房费用、个人负担的医疗部分费用，以及自然灾害和意外损失等也应当纳入到扣除费用的范围，减轻中低收入者的税负。此外，对于特殊的弱势群体可以考虑设置特别规定扣除费用，比如残疾人，老年人，寡妇、鳏夫等，同时为体现以人为本精神，也可以考虑配偶一方无业的、配偶双方均是独生子女的以及成人教育或职业教育费用予以附加扣除。

（三）申报模式包含家庭因素——个人申报与家庭申报相结合

在个人所得税的纳税人为个人还是家庭这一问题上，大部分国家均比较灵活，可由纳税人自由选择个人申报或家庭联合申报，并且充分考虑家庭因素，增加家庭附加的扣除费用。家庭联合申报中一般都包括了纳税人的配偶宽免，家庭抚养或赡养人口宽免，残疾人宽免等。

相对于家庭成员各自分别征税家庭申报纳税能够更有效的体现家庭内部成员经济实质的一体性。家庭作为基本的社会构成单位，成员间具有法定的抚养义务，家庭成员的数量及花费与纳税人的经济实质及纳税能力直接相关。否认家庭作为纳税单位，仅仅对有收入的纳税人单独进行定额扣除，否认其他家庭成员的基本开销，或者即使在定额扣除中考虑了人均供养人口这一因素，也无法体现纳税个体在纳税能力上的不同，更何况家中实际没有供养人口和家中有四、五供养人口其供养费用差距巨大，无法体现量能课税原则。其次家庭申报也可以相对地减少扣除费用重复计算的现象，对个人征税时，若纳税人存在两种或两种以上的收入，往往可以得到多次扣除，且每个家庭成员的收入在计税时都存在人均供养人口的扣除费用，这实际上也是重复计算。在家庭申报中基本生活费用扣除以家庭为单位，同时考量了收入者本人及其家庭成员的费用，在计税时予以统一计算扣除。

这里需要注意的是在分类课税模式下无法实现家庭申报扣除，只有在综合课税模式或混合课税模式下才能进行家庭申报，实现家庭基本生活费用扣除，这在另一方面也说明了我国课税模式改革已迫在眉睫。

（四）扣除费用标准大多与 CPI 联动

固定的扣除费用标准难以适应经济发展中的通货膨胀和物价上涨，大多数国家的扣除费用额度均与 CPI 指数关联，以抵消经济环境的变动对纳税人负税影响，保障居民的基本生活水平。

英国自 1982 年开始扣除费用根据商品的零售价格指数进行相应的调整，美国于 1985 年开始扣除费用实现弹性化机制。与上述国家相比较，我国的扣除费用标准较为固定，即使 2005 年后频繁修法调整扣除费用额度，其带来的税法不稳定性及滞后性的问题依然突出。若无法实现扣除费用的动态变化，在通货膨胀时将不适当地增加纳税人的纳税负担，无法在扣除费用中反映出经济发展及物价变化对纳税人负税能力的实质影响，有悖于量能课税原则。

第五节

完善我国个人所得税、鼓励高等教育支出

个人所得税在市场经济条件下是一种公平税，其主要作用是调整社会分配结构，维护社会公平。由于我国处于体制"转轨"时期，个人所得税还承担着一个重要的特殊职能，就是调整个人与政府之间的经济关系。我国个税扣除额的真正问题，不是数额多少的问题，而是个人所得税与民生

之间的较量。国际上普遍成熟有效的办法就是引进针对每个人不同情况的生计扣除额，如房租或房贷利息扣除、人口负担扣除、子女教育扣除等。所谓特殊生计扣除，就是针对每个人特殊情况的扣除，家庭负担只是个人可能的特殊情况之一。引进特殊生计扣除并不改变我们现在个人工薪所得税由单位代扣代缴的现状，只是多了到年底需要多退少补的一次性纳税申报。逐步引入个税特殊扣除额，在今天的信息技术条件下并不复杂，同时可以有效和有针对性地切实减轻中低收入阶层的负担。本着"简税制、宽税基、低税率、严征管"的原则，个人所得税的完善既要保证收入规模的适度扩大，又要具有一定弹性，真正考虑到民生问题和教育问题，能够适应经济增长和个人发展的需要。具体而言，可以采取以下思路。

一、完善征收范围

总体上看，个人所得税的征收范围是相当广泛的，不仅包括周期性所得，还包括偶然所得；不仅包括以货币表现的工资薪金所得、营业所得、财产所得等，还包括具有相同性质的实物所得和福利收入；不仅包括正常交易所得，还包括可推定的劳务所得。总之，为税收公平和反映纳税能力起见，将一切能够给纳税人带来物质利益和消费水平提高的货币和非货币收益均纳入个人所得税的征收范围。由于分类征收过于复杂，居民收入的巨大差距往往不是由工资、劳务等劳动收入造成的。在征收时，不再将收入分为11类，而是将所有收入分为劳动所得和非劳动所得两大项，具体而言，对纳税人经常性的收入，包括工资、薪金所得，个体工商户的生产、经营所得，承包经营和承租经营所得，劳务报酬所得，可采取综合征收。对非经常性的收入，如利息、股息等，可采取分项征收。属于分项征收的项目缴税之后不再进行综合申报与汇算，属于综合征收的项目也只就这一部分进行综合申报与汇算。对于决定贫富差距的非劳动所得，进一步细化收入来源项目，用分级较多的超额累进税率，对于极高收入的人群设置较高的税率。这种以综合税收为主，分类税收为辅的所得税制，纳税人能够真正实现量能负担，实现公平原则。

二、完善费用扣除制度

随着我国各项改革的深入，个人的社会保障、子女教育和个人的再教育、医疗费用、购买住房的费用、赡养费用等，都是个人的大笔开支。因此，应在提高基本扣除额的同时，制定一些具体的扣除标准，如医疗费用和社会保障费用据实扣除，教育费用、住房费用和赡养费用按标准扣除等。"费用扣除额"实际上是"生计扣除额"，是为了确保居民维持基本生计而设的扣除标准。结合本书的主题，我们以教育费用支出为例进行生计扣除额的说明，进行"一减一增"。随着社会物价水平的不断提高，受教育者的教育成本不断增加，使一些来自贫困家庭的高校学生面临失学的危机，国家为了扶持这些弱势群体，相应制定了一些税收优惠政策，使他们能够完成自己的学业。比如对各商业银行开办国家助学贷款业务，免征国家助学贷款利息收入而应交纳的营业税；对靠自己勤劳双手完成学业的勤工俭学学生取得的劳务收入免征营业税；对省级人民政府、国务院各部委和中国人民解放军军以上单位，以及外国组织、国际组织颁布的教育方面的奖学金，免征个人所得税等。适当增加受高等教育个人的税收优惠项目，一是对个人教育投入实行直接税收优惠，提高个人所得税中的费用扣除标准。二是可以考虑将学生学费纳入其家长的个人所得税费用扣除范围。三是对高校学生贷款在偿还期内的利息，允许学生在工作后从所缴纳的个人所得税中扣除等。另外，对高校科研人员个人所得税缺乏相应政策鼓励，对人力资本投资的支持力度较小。现行税法对高科技人才的税收支持是非常有限的，仅在个人所得税法中规定了"省级人民政府、国务院部委和中国人民解放军军以上单位、外国组织、国际组织颁发的科学、教育、技术、文化、卫生、体育、环境保护等方面的奖金"，以及"政府特殊津贴""院士津贴"，才可以免征个人所得税，对省级以下单位和各企业发放的科学成果奖、科技进步奖均须征收个人所得税。而且个人所得税法不允许将高科技人才的教育投资成本在税前扣除，对高科技人才因创新而获得的股权收益等也缺乏相应的减免税优惠。例如，对科技人员以股份或出资比例等股权形式给予个人奖励，奖励人在取得股份、出资比例时，暂不缴纳个人所得税；但是取得按股份、出资比例分红或转让股权、出资比例所得时，却依法缴纳个人所得税，以及科研活动中取得的劳务费须按20%的税率缴纳个人所得税。税收政策对高校科研人员缴纳的个人所得税缺乏必要的鼓励，影响科研人员从事科研活动的积极性。应该加大对创新型人才的支持力度，体现"以人为本"的制度基础。例如，美国的个人所得税法通过多种多样的减免税规定，鼓励个人和家庭增加教育支出，并对学校实行税收优惠政策。英国、加拿大的税法也有类似的规定，韩国税法还提供对为国内服务的外籍技术人员的免税待遇❶。我国可以通过修订个人所得税法来鼓励高科技人才的培育和开发，首先，对于科研人员从事研发取得特殊成绩获得的各类奖励、津贴，应免征所得税；其次，研发人员以技术投资入股而取得的股权收益也可以享受相应的优惠。例如，可以将科技人员的技术转让、技术咨询和技术服务收入列入减税项目，比照稿酬所得，在应纳税额的基础上减征一定的比例。

我们建议设立动态扣除额，由于不同时期的经济水平和物价水平不同，固定的扣除额不可能在每个时候都合适；同时，考虑到我国各地区发展情况不同，各地区的收入水平不同，其缴纳的所得税也应该与其经济实力相匹配。具体来说，采用如下办法：①根据各地区经济发展情况的不同，规定不同的扣除额和税率。如经济发达地区，由于个人消费水平较高，可以规定较高的费用扣除额和税率；经济落后地区则相应的设置较低的费用扣除额和税率。②建立费用扣除额联动机制，将费用扣除额与国家统计局公布的年度 CPI 指标挂钩，每年调整一次。按照个人所得税"对净所得征税"的原则，在确定扣除额时，基本原则是保证居民的基本生活不受影响，即将居民基本生活费用在税前予以扣除。工薪费用扣除标准的确定需要综合考虑居民消费支出增长及物价上涨因素等情况。

---

❶ 胡勇辉 . 激励自主创新人才培育的税收政策选择 ［J］. 财政研究，2007（11）：47.

三、以家庭为单位申报纳税

我们建议逐步实现以家庭人均收入为计税依据的税收制度。同样总收入和人口的家庭，由于收入的配比和来源不同，实际的家庭可支配收入却是不同的，这也就造成了一种不公平。实行以家庭人均收入为计税依据的税收制度可以消除这种不公平，可先以源泉预扣的方式对不同类别分别采取不同的税率征税；纳税年度结束后，由家庭合并申报全年综合的各项所得，由税务机关核定，统一按规定的税率计算应纳税额，并对年度已纳税额汇算清缴，多退少补。在具体的操作过程中需要完善的纳税信息披露制度作支撑，以做到切实有效。当然，实现这个目标的过程是艰难而又漫长的，但向着这个方向走，可以使我国的个人所得税更加合理，管理更加规范，从而使我国的个人所得税制度更加科学，更加人性化，实现公平高效。

第九章

校办企业涉税问题研究

校办企业的内涵与社会作用

一、校办企业的内涵

我国高校的校办产业之路，可以追溯到新中国成立伊始，并随着科学技术的突飞猛进发展速度加快。我国高校科技产业化的发展高峰是北京中关村的崛起。其中，在高校校办产业的成长历程中，产生了不少重大的科技成果，其中包括方正计算机、汉字激光照排和电子出版系统、同方威视集装箱检测系统等一大批具有世界影响力的项目，这些技术均属于世界先进水平，是我国独立自主研发的重要创新成果。我国高校创办企业萌牙于20世纪50年代，起步于80年代，经过几十年的发展，现已进入以"积极发展，规范管理、开拓创新"为指导思想的高速发展时期。校办企业的作用也由初期学生的实验、实习场所逐步过渡为推动高校科技成果转化和产业化提高国家高度技术产业水平、促进区域经济发展的重要阵地。一些高等学校校办企业已经成为直接面向国民经济发展经济实体，并逐渐成为学校科技成果转化和产业化的助推器。高校为产业发展培养人才，提供创新源。产业是技术创新的主体，政府则是制度创新的主体，为高校和产业界制定规则和制度保障，才能营造一个优良的合作环境。❶ 因此要积极培育学校的市场意识和竞争意识，提高科研创新能力，开展校企合作，把先进

---

❶　亨利·埃兹克维茨. 高校与全球知识经济［M］. 夏道源，译. 南昌：江西教育出版社，1999：5-8.

的科学技术转化为生产力，带动我国经济的飞速高科技发展。

校办企业是指由各级学校举办的、以便于学生从事就业准备和进行生产劳动技术教育为目的的企业。校办企业在外延上大致是指纳入教育行政主管部门管理的各级各类学校和劳动行政主管部门管理的技工学校、教育行政部门所属事业单位办的独立核算的企业、教育事业单位办的确属以助学为目的的合资企业和联营企业。从国家教委颁布的《高等学校校办产业若干问题暂行规定》以及相关部门所颁布的一些规章中我们可以得出，校办企业一般就有下列特征：校办企业的产权归学校或者教育行政主管部门所有；法定代表人和主要负责人由学校或者教育行政主管部门任命或聘任；校办企业的收益由学校或者教育行政主管部门按有关规定进行分配；按学校或者教育行政主管部门的规定管理并接受主管部门的监督检查；主要经济指标及年度预算由学校或者教育行政主管部门批准。

校办企业既培养人又出产品，这是校办企业与社会一般企业的根本区别，也是校办企业的开设宗旨。目前，校办企业的主要表现形式是工厂和农场。在实践中一般对校办企业会进行特殊的资格认证，由教育部门、国家税务局或者地方税务局和工商行政管理局联合成立工作领导小组，负责协调校办企业资格审查工作，研究制定相关政策、办法，审核资格审查结果，签发《校办企业证书》。

通过校办企业的认证以及年检工作，严格审查校办企业存在的标准，明晰校办企业产权关系，促进校办企业的资产保值增值，增强校办企业自我约束机制，进一步明确校办企业为教育事业发展服务的宗旨，促进校办企业健康发展。实践中，校办企业按照国家规定享受的减免税金，应视同国家对教育的投入，通过认证和年检工作，保证国家的优惠政策真正用于教育事业的发展。

二、校办企业的社会作用

从社会的集群效应上讲，学校办企业尤其是高等院校高科技产业所具有的效益不言而喻。校办企业的开办形成和发展顺应当前我国产业结构调整的客观要求，也符合我国当前转变经济增长方式的政策导向，是我国产业发展的必然趋势。从我国现阶段的国情出发，校办企业尤其是高科技产业的崛起，对我国实现整个社会的产业结构优化和高新技术产业规模化的目标，具有十分重要的作用。

（一）改善学校教育的单一性，促进教学与实践相结合

对企业来讲，企业的研发需要大量的物力投入和人才投入，这对大多数企业来说，即使是较大的企业都是一项不小的负担，而研发成果的科技含量以及能否适应社会需求都具有不确定性，又增加了企业研发的经营风险，影响企业投资研发的热情，这严重制约了企业的发展，削弱了企业在市场上的竞争力。从学校的角度来看，很多学校已经拥有一些重要的科研成果，但是仅仅停留在理论层面，很多学者虽然拥有丰富的理论功底，却没有机会将这些理论付诸实践。这显然是社会科技资源的浪费，因为这些成果的产生，投入了大量的人力和物力，如果能将这些有现实意义的科研成果产业化，使之转变为现实生产力，不失为一种好的选择。校办企业的出现，加强了学校与社会经济的联系，使学校人员有了更多参与社会实践的机会与就业机会，同时也有利于调动科研人员的创造积极性，更好地发挥他们的聪明才智。可见，学校与企业在科研领域的合作和相互渗透，对学校和企业来说，是双赢的选择。当前，学校除人才培养功能以外，还应具备技术创新、终身教育等社会服务的功能。学校的教育理论需要实际的实践运行进行检验，而产业的升级和技术创新是企业生命力延续的核心力量，企业需要不同层次的人才进行革新。校办企业不仅具有技术和理论的优势资源，同时也有企业技术创新的特点。校办企业作为一个完美的孵化器，既可以对不同层次的人才进行培养又可以为企业的发展注入源源不断的活力。强大的科研力量和研发能力是高校的优势所在。多年来，高校获得了全国大部分自然科学奖、发明奖、科技进步奖的份额，很多重大科技成果经转化、产业化，产生了相当可观的经济效益和社会效益。❶ 可以说，校办企业是产学研结合的理想场所，既能发挥各级各类学校的教学理论资

---

❶ 岳鹏. 加强高校企业治理积极推动产学研结合［J］. 黑龙江教育学院学报，2011（10）.

源，又能和企业接轨。

在校办企业利用学校与企业的双方优势创造出巨大社会价值的经验方面，国外可以给我们刚刚起步的校办企业这种新的结合方式提供宝贵的经验和热情的支撑。以美国为例，美国著名的斯坦福大学声名远扬，但早在1920年还只是一所普通的乡村高校，到了1960年便名列前茅，到1985年已经成为全美高校的第一名。究其原因，就必然要提及斯坦福研究园区和硅谷。硅谷是世界最先进人才和尖端技术的聚集地，这里有很多科学技术的领军人物，很多的诺贝尔奖获得者，上千名科学院和工程院院士都汇集在硅谷，以自己的热情和技术将科学理论应用于实践，创造出了非凡的社会价值。硅谷在2007年创造的GDP超过了7000亿美元，创造了卓越的奇迹。硅谷取得的这些骄人业绩，都离不开斯坦福高校这个孵化器，是斯坦福大学的崛起为硅谷微电子工业创造了条件。同时，硅谷的发展也帮助了斯坦福大学，使他得以有今天的成就。斯坦福一位退休的校长曾说：有人说没有斯坦福大学就没有硅谷，我要说没有硅谷就没有一流的斯坦福高校。连接斯坦福和硅谷的桥梁是斯坦福研究园区。斯坦福研究园区是由斯坦福大学副校长特曼教授于1951年创建的，在他看来，高校不仅是求知的场所，它们对一个国家工业的发展、工业的布局、人口的密度和所在地区的声望，都可以发挥巨大的经济影响。科技是生产力，知识是科技的基础，高校是生产知识的最重要的地方，这一系列的逻辑关系推动着斯坦福大学把知识投向工业，使工业以科技为平台取得不断的发展和创新。

再以日本为例，2000年，在日本，以高校为主体的"产学官合作"被广泛关注。"产学官合作"最主要内容之一就是，由政府主导的高校校办风险企业产业群计划。日本高校的研究开发能力很强，许多民营企业想充分利用其这一能力，而高校也想开发出对社会有益的产品，于是在日本政府的推动下，日本诞生了产学结合的风险企业，使得企业和高校很好地将自身的优势相结合。特别是2001年5月，经济产业省发表了从2002～2004年的3年时间里在高校中发展1000家研究开发型风险企业的计划，希望以此作为日本经济的起爆剂。由此可以看出，日本发展高校校办风险企业的目的是通过"产学官"合作，发掘高校的研究成果、促进高校研究成果转化为民用产品，凭借高新技术产品，打开新的市场，从而推动经济的增长。

目前，我国产学研的结合主要停留在具体的项目层面上，一些科学技术向生产力转化的项目的承接与完成都仅仅具有短期合作的意味，缺少持续性和稳定性的机制，但是校办企业的长足发展已经在某种意义上逐步改善着这一机制。校办产业将从前停留在项目层面上的产学研相结合所需的资源加以整合，使之成为一个整体即校办企业，使得学校的科技理论优势与企业的制度有效结合，使科研与管理和经营的结合效率大大提高，合作更加密切，这大大降低了两者在寻找与项目需求相符的合作伙伴时所付出的巨额成本，使科技在产学研中的中介作用得到了充分发挥。此外，校办企业根据学校的科技水平与特点在不断调整自身的管理制度和产业结构，这种持续性和稳定性的机制使科研成果更好地适应企业的长远发展目标成为可能。以项目为基础的产学研相结合，往往是暂时的合作，科技成果与企业需求的一致性也是偶然的，这对企业建立长期发展战略作用甚微；但学校办企业就能更好地从企业自身发展出发，制定符合企业特点和发展方向的长期战略，并将科技创新成果的开发和应用与企业的发展需求相配合，更好地为企业服务。校办企业将大部分高新技术成果与产业发展直接结合，产生一大部分高科技产业初始创新成果，创造性地将智力资源优势发展为产业优势和经济优势。随后，技术辐射功能将这种创新成果扩大，延伸至产业的各个角落，这种后续影响无疑是广泛而深远的，其效果是使整个产业的科学技术贡献率得到提高，产业整体结构得到优化。实践证明，我国学校高科技产业的兴起，校办企业的产品面向市场，不断地推出适应市场的新产品，不断地改进生产工艺，不断地提升管理水平，不断地转化科技成果，不断进行资源整合，取得了较好的社会经济效果。所以说，校办企业是我国产业结构升级的重要推动力，它为我国达成产业结构调整目标作出的贡献不容忽视。

（二）促进高等职业教育发展，进一步推动我国制造业的升级

高等职业教育是伴随着现代工业逐步发展而来的一种新型的教育模式。与传统的文化教育相比，高等职业教育有更强的目的性，即是直接为经济发展和人们更好地就业服务的。高等职业教育培养的特点就在于高等职业教育所具有的培养技能型、实用型、生产型人才，培养的人才具有针

对性与适应性。在和企业进行合作时，企业可以根据自身的情况和需求提供场地、援助设备等。这对于强化培训，提高受训者素质，培养高素质的技能型人才都有积极的意义。企业与高等职业学校合作的动机有三点：一是企业可以获得政策性优惠（如税费减免）；二是企业可以节约成本（学生顶岗实习）；三是企业可以得到需要的人才（订单培养）。在企业进行职业培训后，企业根据自身的发展需要招聘一些具有技术和经验的人才，可以直接上岗为企业创造价值。所以，现代经济发展离不开职业教育。2005年10月28日国务院《关于大力发展职业教育的决定》（国发〔2005〕35号）指出："大力推行工学结合、校企合作的培养模式。与企业紧密联系，加强学生的生产实习和社会实践，改革以学校和课堂为中心的传统人才培养模式。"

近年来，随着我国教育事业的发展，企业在"技工荒"问题的压力下，积极与高等职业学校合作，在培养合格的技术型人才方面有很大的积极性。而学校也可以更好地推动学生就业，学生由于具有学校系统化教育背景和技术优势能更好地适应工作。高等职业学校与企业的结合一定会呈现蓬勃兴起，将在科研成果转化为生产力，培养创新人才等方面作出重要贡献。

（三）给予高等职业学校教育经费的支持，给予学生经济补助

校办企业是由各级学校举办的，校办企业的收益由学校或者教育行政主管部门按有关规定进行分配。这些校办企业的特殊规定使得校办企业的收益会有一部分留给学校，为学校的教育发展注入资金，缓解科研经费不足问题，从而为继续产生科技成果创造客观物质条件。学校可以用发明专利去开发产品，或建立公司，直接走向市场去创收。学校成立公司不是最近的创举，但近期学校公司发展的速度却是史无前例的。学校在凭借自己拥有的科技专家、先进的实验设备和开拓性的思想意识提供咨询和企业培训、组织和安排会议、出租学校设施、提供法律咨询、销售软硬件、进行科研合作等。学校开办公司可为学校带来收入，也可以创造就业机会，还可以促进学校科技的转化、资源的充分利用。学校还可逐步实行联合办学，扩大办学规模，提高办学效益，以广泛吸纳资金。学校也可享受当地

政府对联合办学的优惠政策，实质上也是获得了一种隐形或潜在的经费。❶
从国际的一些经验来看，在美国形成了校办企业收入、产学研合作收入、
专利转让收入等多种收入形式，这些收入占该国高等教育经费筹措的比例
达22%。英国建立了大量以学校为依托的科学园，促使学校与企业合作筹
措经费，这种校企合作既增强了学校的科研能力，又促进了产业界生产技
术水平的提高，使学校和企业达到双赢，产学研结合是英国高等教育经费
筹措的重要方面，占该国高等教育经费筹措的很大比例。日本学校的销售
和服务收入约占高等教育经费筹措的10%，这类收入包括社会服务费、学
校医院收入、从公积金提取的收入、不动产租用费等。这些经费的筹集可
以极大地缓解我国教育事业经费的投入不足，可以有效弥补教育财政性的
盲点。

在我国，由于教育成本的逐年增加，很多学生在上学期间都会寻找一
些兼职以减轻家庭的经济负担，但是兼职活动也具有一定风险和不确定
性，学生在进行兼职期间也会承担较大压力，比如上当受骗、拿不到工
资、兼职不稳定等。而校办企业的开办可以长期为在校学生提供一些岗
位，制度化的安排学生实习或者兼职。实践中，一些高职院校在设置课程
时，打破传统作息时间制度，上午上班的学生下午进行理论课程学习，下
午上班的学生就上午进行理论学生。对于在校办企业进行工作的学生，按
照公司薪资制度给予劳动报酬，学生在校期间既能学到实际的工作经验，
又能得到劳动报酬，对于高额的教育成本下的中国，可以说是个很受欢迎
的措施。据教育部科技发展中心统计，从2004～2008年5年中，全国高校
企业收入总额达到5814.88亿元，创造利润总额354.84亿元，向国家上缴
税金293.18亿元。❷

总之，学校办产业是顺应时代进步的产物。各国宝贵经验已经给我们
指出了发展校办企业的启示，我国学校应抓住当前的发展机遇，充分利用
校办企业的发展，在壮大自身实力的同时，也促进我国产业结构调整和实

❶ 邵金荣. 非营利组织与免税［M］. 北京：社科文献出版社，2003.
❷ 教育部科技发展中心. 2008年度中国高等学校校办产业统计报告［M］. 北京：华南理工大学出版社，2009：15－16.

现经济增长方式的转变。

第二节
校办企业发展存在的问题

我国把办好校办企业看作贯彻党的教育方针，实施劳动技术教育，实现教育与生产劳动相结合的重要途径。正如前面所述的校办企业在加快我国产业结构升级换代，带动相关行业技术进步和科技创新，增加国家税收和促进就业，为学校培养了创新型人才，提升了学校声誉和影响力，一定程度上弥补学校经费不足以及为学生个人减轻教育成本等方方面面都起到了积极的作用。虽然这些校办企业对国家、学校和学生都起到了重要作用，但是随着我国市场经济体制的建立和新型交叉科学技术的发展，学校校办企业中一些体制、管理方式和运营模式已不适应时代发展的要求，原来存在的许多问题也开始逐渐地暴露出来，严重制约了校办企业更广阔的发展空间。

一、校企不分，学校风险加大

校办企业在外延上大致是指纳入教育行政主管部门管理的各级各类学校和劳动行政主管部门管理的技工学校、教育行政部门所属事业单位办的独立核算的企业、教育事业单位办的确属以助学为目的的合资企业和联营企业，其中学校所办的校办企业占据了绝大部分。学校校办企业都是由学校投资创立的，与学校之间存在行政隶属关系，在实际运作过程中学校像管理教学和科研工作一样直接以事业单位管理模式对校办企业进行管理，没有以市场化的方式去运营校办企业,这种落后的管理方式致使学校与企业在管理体制上存在校企不分的缺陷。校办企业在经营上缺乏独立性,一些具有法人资格的校办企业没有进行法人资格的登记,仅仅作为学校的一个部门进行管理,由于其法定登记产权为学校,这样一来学校既承担了企业的运营风险和无限责任,在客观上也增加了学校的经济负担。

二、产权结构过于单一

虽然说校办企业中有一部分是教育事业单位办的确属以助学为目的的合资企业和联营企业,但是这一类型的企业在数量上是屈指可数的。传统学校企业大部分是由学校独资兴办的,很少会吸收民众和社会资金,因此,校企的国有产权处于绝对的优势地位,这样一来企业的产权结构就比较单一。很多相当有资金和技术优势的企业无法进行校办企业模式的选择,造成社会资源利用率的低下。不仅如此,这种单一的产权还带有浓重的行政色彩,最终严重影响了企业的商业发展目标。

三、校办企业管理混乱

校办企业的管理混乱主要来自两个方面:一方面来自校办企业的认定,另一方面来自校办企业内部的日常管理。在校办企业的认定上,按照规定,在每年的资格认定过程中,税务机关应该严格把关,对校办企业要认真梳理,凡不符合规定挂靠学校管理的企业,不得享受有关税收优惠政策。尽管如此,在现实中也不乏一些企业利用挂靠学校的名义骗取税收优惠政策,不如实进行纳税申报的情况,导致了国家税款的大量流失。长期以来我国校办企业受计划经济体制影响,行政主义的思想较为浓厚,使得重要岗位上的技术人员个人价值长期得不到物质上的肯定,工作失去积极性和创造性。加之学校企业内部缺乏有效的监督约束机制,就给了个别员工损公肥私的机会,造成某些企业资不抵债甚至濒临破产。笔者在接触一些校办企业管理者时就发现这些校办企业缺乏创造性,严格按照学校领导的指示进行运转，没有规范的管理制度，存在着核算体系不完善、资金控制不到位、财务分析滞后、成本管理不健全等问题，严重影响了企业的正常运营。

第三节
校办企业涉税问题分析

税收政策是国家对宏观经济进行调控的经济杠杆，政府通过税收政策刺激一些应该有所发展而发展缓慢的行业，采取降低税率或者免除相关税费的方式给予税收优惠；对于发展过快，需要限制的产业、行业和地区，通过增加税种、提高税率等办法，加重税收负担，从而达到限制的目的。校办企业在社会生活中越来越活跃，在社会经济的发展中扮演着越来越重要的角色，这与国家对校办企业实行特殊的税收优惠政策是分不开的。

一、校办企业税收立法现状

从税法的发展历程看来，对校办企业征税经历了从"给予照顾"到"逐步取消"的过程。

根据《关于企业所得税若干优惠政策的通知》（财税字［94］001号）规定：高等学校和中小学校办工厂，可减征或者免征所得税。具体是指：高等学校和中小学校办工厂、农场自身从事生产经营的所得，暂免征收所得税；高等学校和中小学举办各类进修班、培训班的所得，暂免征收所得税；高等学校和中小学享受税收优惠的校办企业，必须是学校出资自办的，由学校负责经营管理、经营收入归学校所有的企业；享受税收优惠政策的高等学校和中小学的范围仅限于教育部门所办的普教性学校，不包括电大、夜大等各类成人学校，企业举办的职工学校和私人办学校。对一个企业可能会有减免税政策交叉的情况，在具体执行时，可选择适用其中一项最优惠的政策，不能两项或几项优惠政策累加执行。具体到校办企业，最典型的当数高新技术的校办企业，按照规定，高新技术企业和一般校办企业都享受税收优惠，纳税人只能选择最优的一种，不能累加执行。

　　根据《国家税务总局关于学校办企业征收流专税问题的通知》（国税发〔1994〕156 号）规定，校办企业的范围是在 1994 年 1 月 1 日以前，由教育部门所属的普教性学校举办的校办企业，不包括私人办职工学校和各类成人学校（电大、夜大、业大、企业举办的职工学校等）举办的校办企业。1994 年 1 月 1 日以后新办校办企业经省级教育主管部门和主管税务机关严格审查批准，也可按本通知享受税收优惠。校办企业生产的应税货物，凡用于本校教学科研方面的，免征增值税；小学校办企业对外销售的增值税应税货物如发生亏损的，在 1995 年年底以前可给以部分或全部退还已征增值税的照顾。具体比例的掌握以不亏损为限。返还办法是：企业应按规定先纳税，全年经营发生亏损的，年底向当地主管税务机关提出申请，审批退还部分或全部已缴纳的增值税。此后国家税务总局又通过财税字〔1996〕112 号、财税字〔1998〕32 号和财税字〔1999〕22 号三个通知相继确认上述文件，并规定优惠政策执行到 1999 年年底。另外，财税〔2000〕92 号通知规定：校办企业生产的应税货物，凡用于本校教学、科研方面的，经严格审核确认后，仍可免征增值税。但是，文件中还特别提醒：享受优惠政策的校办企业标准，继续按照国税发〔1994〕156 号文件的规定执行。

　　根据《关于党校所办企业执行校办企业税收政策的补充通知》（财税字〔95〕93 号）规定："1. 党校所办企业，按照财政部、国家税务总局财税字〔94〕001 号和财税字〔1995〕8 号文件的有关规定执行。即，党校所办的校办工厂、农场自身从事生产、经营的所得，以及举办各类进修班、培训班的所得，暂免征收所得税；对符合免税条件的学校之间的联营企业，从事上述生产经营所得，也可以暂免征收所得税。党校办企业，是指县级（含县级）以上党委正式批准成立的党校所办的企业，不包括各企业、事业单位所办党校和各级党校函授学院所属分院等所办的企业。2. 党校所办的第三产业企业，可以享受财政部、国家税务总局财税字［94］001 号文件中有关第三产业企业的税收优惠政策。"

根据《财政部、国家税务总局关于学校后勤社会化改革有关税收政策的通知》（财税字［2000］25 号）规定在 2002 年年底前"对学校后勤实体，免征城镇土地使用税和房产税。"

根据《关于校办企业有关税收政策问题的通知》（财税字［2000］33 号）相关规定：校办企业生产的应税货物，凡用于本校教学、科研方面的，经严格审核确认后，免征增值税；校办企业为本校教学、科研服务所提供的应税劳务（"服务业"税目中的旅店业、饮食业和"娱乐业"税目除外），经严格审核确认后，免征营业税；享受优惠政策的校办企业标准，继续按照国税发［1994］156 号文件的规定执行。

然而，2004 年 2 月 5 日财政部、国家税务总局联合颁布了《关于教育税收政策的通知》（财税［2004］39 号），该《通知》规定，国家从 2004 年 1 月 1 日起，取消校办企业从事生产经营的所得免征所得税的优惠政策；取消校办企业生产的应税货物，凡用于校教学科研方面的，免征增值税的规定；取消校办企业凡为本校教学、科研服务所提供的应税劳务免征营业税的规定。

二、校办企业立法中存在的问题

从财政部与国家税务总局颁行的相关校办企业税收优惠制度的先后顺序中能够看出，这些税收优惠制度在促进校办企业发展的过程中所起的作用越来越小，尤其是财政部、国家税务总局财税［2004］39 号文件精神对校办企业的打击非常之大。今后校办企业与其他类型的企业一样，没有强有力的税收优惠政策，只能够享受到一些"无关痛痒"的税收优惠，从 2004 年以后校办企业与其他类型的企业在市场上，是大致同等条件开展竞争。而且这些税收优惠制度存在着一系列的问题，具体表现在以下四个方面。

（一）歧视私人资本和非学历教育学校开办的校办企业

在 2004 年财政部、国家税务总局财税〔2004〕39 号文件出台之前，税法对各类学历教育实行免税，而对所有非学历教育的各类培训则征收营业税。同时，虽然税法并未将劳动部门属下的培训机构排除在外，但在很多地方的实际操作中，征收营业税只是针对社会和企业开办的职业培训机构。这显然违反现行税法的强制性规定，按现行《企业所得税法》的规定，职工教育经费可以在税前按工资总额的 2.5% 扣除，列入成本开支。超出的部分可以结转到以后年度。不仅如此，在税费领域以外，公办与民营教育培训机构所受的待遇也相差甚远：劳动部门下属的培训机构和公办的学历教育机构由国家免费提供校舍和场地，教职工工资和办公经费也由国家负担；而由民间出资的培训机构除了自己出资租用校舍和场地、发放教职工工资和承担办公经费外，还必须缴纳营业税，其负担之重、运作之难是不言而喻的，这种双重标准不符合我国新时期的教育发展战略精神。我们在前面已经论证了民办教育也在某种程度上承担着我国的教育职能，但是政府总是忽视这一点，单纯从所有制的角度简单地进行区分。从对美国、欧洲和世界其他国家的许多研究中得出的经验是，允许学校在提高教育机构办学质量上的竞争是很有价值的。所以，如果我国政府允许更多的民营组织办学并给予相当的税收优惠，如民营商业学校、技术机构以及其他类似机构办学，那么就会创造有效率的教育结构，促进中国人力资本的形成。

（二）享受税收优惠的校办企业并未区别对待

现行税收优惠政策容易出现所谓"一刀切"的情况，只是在宏观上考虑校办企业的税收优惠，没有在微观上进行细分。有些校办企业承担了相当多的教育任务，而这些并未在税收优惠中给予体现。实践中，很多校办企业接受在校学生的实习，并给予报酬，让学生有机会获得实践的经验，这对企业来讲负担就大；而一些校办企业为了自身的利益考虑不会提供这样的实习机会。在计划经济时代，接收学生到工厂实习是一种任务，企业不必担心效益因素；而在市场经济条件下，企业因此而受的损失，则须由自己承担。虽然部分学校有一些实习经费，但很少用于补偿企业的损失。

所以，我们经常看到这样的现象：企业在招收新员工时十分强调其实践经验或工作经历，但却不愿意接受学生实习。正因为企业不愿意承担这种额外的社会责任，使相当多的工科大中专学生和职业中学的学生得不到应有的实习机会。于是，许多经过专门学校培养的大中专毕业生，走上工作岗位时不能及时成为训练有素的员工。当然，这些现象的出现不能全部归咎于税收制度，但其未能发挥应有的作用也是事实。如果现行税收优惠制度能够区别对待，使得承担较重的教育任务的企业获得更多的税收优惠，我们相信很多校办企业会乐于参加其中，便会产生很大的社会效益。

（三）税收优惠制度不够精细

目前，我国校办企业在推进过程中仍然存在一些问题，例如，相关的法律法规性文件较少，大多是倡导性政策和宏观指导性意见的文件，停留在"鼓励"或"倡导"校办企业的"一般性号召"上，具体责任义务和措施较少，且缺乏与政府文件和精神相配套的可操作的政策法规和实施细则。❶ 从政策表述来看，关键概念未能得到进一步明确，如"提供实习"（是按人才培养要求设计生产过程或以生产为主同时发挥人才培养的作用）、"支付报酬"（没有量的界定）、"相应税收优惠"（是等量还是象征性）等。❷

（四）校办企业的税收征管难度较大

利用校办企业进行逃漏税的行为导致了税款的流失，已经成为国家现行税收政策的一大漏洞，这也是财政部、国家税务总局财税［2004］39号文件出台的直接诱因。按照《中华人民共和国税收征收管理法》和《中华人民共和国企业所得税暂行条例》的规定，享受减免所得税优惠政策的纳税人，均应按月或季度向当地主管税务机关报送会计报表；年度终了后45日内，应向当地主管税务机关报送会计决算报表、所得税申报表、年度减免税审批表，经税务机关逐级审核后，报有权机关审查批准，按规定享受企业所得税优惠。按照规定，在每年的资格认定过程中，税务机关应该严

❶ 李慧，林永春. 企业参与职业教育的激励政策探析［J］. 职业技术教育，2011（6）：20-23.
❷ 方桐清. 校企合作中企业动力研究［J］. 中国高教研究，2009（10）：52-58.

格把关，对校办企业要认真梳理，凡不符合规定挂靠学校管理的企业，一律不得享受有关税收优惠政策。尽管如此，在现实中也不乏一些企业利用挂靠学校的名义骗取税收优惠政策，一些企业争当学校的下属企业，利用学校的影响力和知名度增加自己的身价，利用学校的信誉更容易在银行贷款或在其他企业拆借资金，更重要的是利用学校校办企业的税收优惠条件来赚取利润，不如实进行纳税申报的情况，导致了税款的流失。一些学校由于经费不足，对假冒校办企业的潜在危害性估计不足以及人情等因素，往往乐于收取卖牌子的收入。

第四节
国外校办企业税收制度的经验与评析

校办企业是产学研结合的理想场所，既能充分利用各级各类学校的教学理论资源，又能和企业接轨，国外在这一方面取得了很大的成绩。究其原因，给予校办企业适度的税收优惠政策是其中之一。

加拿大在 1940～1980 年创造了 GNP 增长 20 倍并且人均劳动生产率世界第二的经济奇迹，其中与高校有密切合作的企业在其中发挥着巨大的作用。至于加拿大的税收优惠制度归纳起来有几点：一是企业所生产的应税货物，凡用于学校的教学科研方面的，免征增值税，这看起来倒是有点捐赠的意味。二是企业举办的各类培训班的营业所得，免征收所得税和营业税。三是对学校后勤实体，免征一切税收。四是学校转让专利等技术产品，免税。美国作为全世界筹措教育经费的高手，每年都会发起大型的资金募集运动，而且近年来每次都能超额完成任务。具体分析可以得知，美国学校向来重视与企业的产学研合作，公立高校由于其普及教育的特殊责任，这方面较之私立高校则稍微弱一些，而私立高校为了更多的筹集资金，就不得不加强与企业间的合作，为企业培训人才并提供咨询服务。除了与企业合作从事产品的开发与生产，学校还可以自行转让技术与知识。例如，在科研收入上，麻省理工学院派生出 836 个企业，销售额共达到 600 亿美元，每年提出近 25 个专利申请，有 240 个公司专利权使用协议。❶美国政府同样给予这些合作模式大量的税收优惠。所以，美国高校才有充足的资金为学校自身的发展注入活力。校办企业收入包括书店、公寓、洗衣店、自助餐厅等服务性设施，既能为学生勤工助学提供机会，也能为学校增加一定收入。在美国，对主要目的是为校内师生提供便利的经营或商业活动免征所得税。在英国，学校向校内师生提供后勤服务收入，属于不能离开主要目的经营活动的辅助活动而单独存在，也能作为主要目的经营辅助活动享有免税优惠。

国外关于校办企业税收优惠制度可以给我们这样的启示：为了学校自身的积累，以及促进科学技术快速的转化为生产力，必须广泛的给予校办企业或者有高校密切相联系的企业以税收优惠；同时，在给予这些企业税收优惠时，必须强调企业存在的目的是为了辅助教学或者学校为目的，严格进行审查。

第五节

我国校办企业税收优惠制度改革建议

校办企业发展的主要目的是深化教育改革，为教育直接积累资金，促进科技转化与经济发展，与社会上单一追求利润最大化的一般企业

---

❶ 杨晓彦. 美国高校筹资方法对我国医学院校筹资方法的启示［J］. 中国集体经济，2013（16）：95－96.

不同，校办企业在促进教育发展的过程中有很大优势，我们建议结合国外经验和我国的具体国情进行校办企业税收优惠制度改革。

一是应该给予校办企业从事生产经营的所得免征所得税的优惠政策；对校办企业生产的应税货物，凡用于校教学科研方面的，免征增值税；对校办企业凡为本校教学、科研服务所提供的应税劳务免征营业税。重新确立校办企业的税收优惠制度，不能因为存在某些利用校办企业的逃漏税行为导致了国家税款的大量流失而因噎废食。

二是严格执行《企业所得税法》的规定，即职工教育经费可以在税前按工资总额的2.5%扣除，列入成本开支。超出的部分可以结转到以后年度。对开展工学结合、校企合作的企业，对举办职业院校的企业，对职业院校开办的企业要进行税收减免。企业所得税可以先征后返，企业教育费应用于人才培养，必须100%返还。

三是扩大享受税收优惠的校办企业的范围。缺乏行之有效的激励政策，就不能使企业从参与高等教育中获得实际利益，参与高等教育被企业看做是一种义务，这使得企业缺乏积极性，最终影响校企合作的质量。调查表明，占调查总数97.4%的企业希望政府制定专项税收优惠政策，使其在与高等院校的合作中获得直接利益。❶ 因此，能够享受税收优惠政策的校办企业不仅包括教育行政主管部门管理的各级各类学校和劳动行政主管部门管理的技工学校、教育行政部门所属事业单位办的独立核算的企业、教育事业单位办的确属以助学为目的的合资企业和联营企业，还应包括企业举办的职工学校和私人办学校。

四是对校办企业的税收优惠进行细化，完善监管，保障税收优惠的合理实施。由于学校企业的产权结构多元化，任何一个校办企业的产权都可能由不同类型的产权组成，根据现代产权制度又分别地对不同校办企业进行定位，使其定位清晰，区别对待。不能仅仅以所有制形式来定位校办企业。我们建议，依照现行税法及有关政策的规定，现有的校办企业税收优惠制度能够区别对待，使得承担较重的教育任务的企业获得更多的税收优

---

❶ 曾宪明. 论企业参与职业教育激励机制缺失的原因与对策［J］. 职业技术教育，2008
（22）：45－47.

惠。同时，在对校办企业的监管上，税务机关在审查和执行的时候，必须依照税收法定原则，在法规限定的范围内对享受税收优惠的校办企业严格把关，最好能够把这些企业限定在"三服务"校办企业的范围内，防止税收的流失。对于依法纳税的校办企业也要严格审查，如果符合享受税收优惠，就应该及时给予税收优惠的认定。税务机关要对减免税企业加强征管，不能因为是减免税企业就可以放松管理。

五是针对高校设立的高科技校办企业在所得税上给予大力支持。一方面对于科研机构和高等学校服务于各行业的技术成果转让、技术培训、技术咨询、技术承包所取得的技术性服务收入，暂免企业所得税。高等学校办企业，暂免所得税，必须是学校出资办的，由学校负责经营管理，经营收入归学校所有的企业。校办企业从事教学成果的应用、科教研项目的开发，必须围绕教学而进行。❶ 另一方面，确立先进设备的加速折旧制度。对企业而言，加速折旧无异于政府为其提供了一笔无息贷款，短期看来虽减少了企业纳税金额，但从长期看来，政府税收并未减少。先进设备的加速折旧制度将促进企业收回技术投资，并有利于科技研究与开发。❷

---

❶ 黄华珍. 校办企业涉及的税种及可享受的税收优惠的政策分析 [J]. 恩施职业技术学院，2003（2）：59 - 60.

❷ 郝琳琳. 完善我国科技税收法律制度的几点思考 [J]. 中国科技产业，2004（7）：56 - 57.

第十章

教育捐款的税收问题研究

鼓励教育捐赠的背景及社会意义

一、鼓励教育捐赠的背景

捐赠是指捐赠人的公益、救济性捐赠，即纳税人通过我国境内非营利的社会团体、国家机关向教育、民政等公益事业和遭受自然灾害地区、贫困地区的无偿赠与行为。教育捐赠是一种社会捐赠，教育捐赠是指捐赠人为资助教育事业发展，以非营利性方式自愿、无偿地将其所拥有的财产赠与教育机构（含公益性组织）管理使用或将其所拥有的财产赠与受益人的行为。公益捐赠在一定程度上替代了政府的公共支出，这是政府对个人或企业的公益捐赠提供税收优惠的根本原因。

教育捐赠是社会慈善事业的重要组成部分，也是世界各国筹集教育经费的重要方式之一，在教育捐赠中高等教育所占的比例最高。教育捐赠是教育大众化进程中为了弥补政府财政性教育经费短缺而出现的教育投入形式。教育捐赠包括企业教育捐赠、教育基金会捐赠和个人捐赠。企业教育捐赠财力雄厚，分为一次性捐赠和设立企业奖助学金捐赠。第三部门是资助教育公益事业的非政府、非营利的社会组织，现在很多地方的高校都有教育基金会筹集资金。个人的教育捐赠比较分散，主要通过第三部门吸纳闲散资金统一捐赠，也有校友个人捐赠行为。教育捐赠包括直接捐赠和建立专项基金两种形式。直接捐赠主要用于改善办学条件，如捐建教学楼、实验楼、图书馆，捐赠教学科研、仪器设备等以及图书，即在硬件上给予教育事业支持；建立教育基金主要用于资助困难学生、奖励优秀教师、教育工作者、优秀学生，给这部分教育参与者以激励，即对教育事业进行软件上的支持。中国政府前几年就提出建立以政府拨款为主、多渠道筹集教育经费的教育筹资体制。然而，纵观近几年的变化，中国各级各类的教育仍以政府拨款为主，辅之以学生学费的收取，教育捐赠似乎并没有人们预想的那样发挥作用。经费短缺一直困扰着我国各种层次的众多学校办学质量和可持续发展，而教育捐赠是我国教育成本分担的主要补充渠道之一，教育捐赠尤其是对高等院校的发展更为重要。所以，本章所论及的有关教育捐赠问题主要以高等教育为出发点进行。

为了进一步推进科教兴国战略，1999年中央启动高等教育扩招政策，我国高等教育开始由精英教育阶段向大众化教育阶段迈进。在此后的几年，高等教育快速发展，2008年全国各类高等教育总规模达到2907万人，高等教育毛入学率达到23.3%，我国高等教育事业获得了前所未有的快速发展。高等教育规模的不断扩大，需要相应配套措施的跟进，师资、教室、学生宿舍、教学设备等方面都需要投入大量的资金。目前我国许多高校面临财务困难，积极寻求新的经费来源成为各高校的共识，其中社会以及校友对高等教育事业的捐赠是非常有潜力的一项，但是除了为数不多的几个名校以外，这一项有力措施并没有发挥优势。《教育部、国家统计局、财政部关于2008年全国教育经费执行情况统计公告》显示，2009年全国教育经费为9815亿元，其中国家财政性教育经费为6348亿元，剔除社会团体和公民个人投入、事业收入及本年实际收取学杂费部分，我国教育事业所获捐赠经费占总经费的比例不足1%。❶ 可见，社会对教育的捐赠目前所占比例极低，没有成为高校经费的一个重要来源。所以，《国家中长期教育改革和发展规划纲要（2010—2020年）》在"保障经费投入"一章中，明确提出："充分调动全社会办教育积极性，扩大社会资源进入教育途径，多渠道增加教育投入。完善财政、税收、金融和土地等优惠政策，鼓励和引导社会力量捐资助学、出资办学。"

中国的教育捐赠目前处于起步阶段，捐赠规模小，而且捐赠对象主要

---

❶ 陈远燕. 国高等教育捐赠的税收激励机制探讨［J］. 税务研究，2009（10）.

倾向于高等教育。最近几年，国家为争取吸引更多社会资源进入教育系统，财政部对于教育单位得到的捐款给予配比，本身就是鼓励各级教育单位到社会上争取捐赠，将来还要吸引更多的社会投资捐资办学。财政、教育、税收部门必须进一步正在研究有关财政税收政策，完善配套的政策法规和激励机制，给予各种优惠以鼓励社会捐赠的发展。

二、教育捐赠的社会意义

在我国高等教育财政性经费占教育总财政投入不足以及财政性教育经费占国内生产总值比重过低的双重压力下，多渠道筹集教育经费尤其以教育捐赠的形式筹集更是理性的选择，而教育捐赠有很大的优势。

（一）调节国民收入

社会捐赠的本质是对国民收入进行市场性再分配，即第三次收入分配。现今，教育成本，尤其是高等教育的成本不断攀升，对于低收入家庭的学生来说，学费的高低在很大程度上决定他们是否上大学。通过教育捐赠，可在一定程度上解决因经济原因造成的入学机会不均等问题。所以，对学校尤其是高校的社会捐赠不仅是国民收入再分配的有效形式，更是构建和谐社会的有效手段。

（二）分担教育成本

有学者认为，从教育的相关方来看，社会、受教育者个人及其家庭和工商企业是教育的主要受益者。因此，国家、大学生及其家庭、包括工商企业在内的社会各类机构和个人都应承担一定的高等教育成本。国家通过财政拨款，学生通过交纳学费，社会各类机构和个人通过捐赠实现对教育的成本分担。目前，政府财政拨款和学杂费收入是我国教育尤其是高等教育经费来源的主要部分，在现有的经济发展条件和财政税收制度下，这两部分对于高等教育的投资能力已到极限，急需开辟新的成本分担渠道。社会捐赠将是高校经费的重要来源，在国外，无论是私立高校还是公立高校，社会捐赠都是最主要的一个经费来源渠道。随着中国社会捐赠外部环境和条件的日益成熟，社会捐赠将是中国高等教育经费筹集的主要努力方向，提升的空间很大。

（三）提升企业形象

企业对高校进行捐赠，一方面促进了校企的联合；另一方面提升了企业的社会形象，是企业实现其社会责任的一种表现形式。所谓公司社会责任，是指公司不能仅仅以最大限度地为股东盈利或赚钱作为自己的唯一存在目的，而应当最大限度地增进股东之外的其他所有社会利益。❶ 在现实经济生活中，企业承担社会责任有助于树立企业的公益形象，能够带来良好的外部评价，获得顾客广泛的认可，从而利于提升品牌影响力、增强品牌标定下产品及服务的市场销售潜能。

（四）优化学校治理

社会捐赠是优化高校治理结构的动力，通常来说，完全依赖政府拨款和学杂费收入的高校，往往缺乏有效的成本约束机制，容易导致机构重叠、层级过多、职责不明、冗员充斥以及效率低下。当社会捐赠成为高校办学经费的主要来源之一时，捐赠人为了使得自身目的得以高效的实现，必然要行使监督权力，让捐赠的教育经费物有所值，这些违背高等教育发展规律、背离捐赠者意愿的现象将得到遏制。

第二节

我国教育捐赠的现状分析

教育捐赠是一种社会捐赠，是捐赠人为了资助教育事业，自愿将其所

---

❶ 刘俊海. 公司的社会责任 ［M］. 北京：法律出版社，1999.

拥有的财产赠与受益人或公益性组织管理使用的行为，表明教育捐赠的重要意义。但是，就目前教育捐赠的发展过错来看，并不是很理想，大致存在以下几个不足。

一、教育捐赠的规模小

在我国，捐赠则主要用于赈灾、扶贫等方面，尤其是在一些突发性灾难中捐赠的规模似乎更大，例如洪灾、"非典"发生的时候，我国捐赠出现急剧增长。而对于教育捐赠较低，尤其与国外的高等教育捐赠相比，我国高等教育捐赠在高校各类经费中比重明显偏低，包括高等教育在内的教育捐赠可谓是杯水车薪，无法解决实质问题。

二、教育捐赠的主体单一

我国各高校现在都努力争取国家财政支持，争取社会力量帮助的不多，这与我国高校长久以来依赖国家财政支持的体制惯性有密切关系。另外，因为没有很好的激励或者税收优惠制度，社会各界不愿意做这样的没有价值回报的事情。加之宣传不到位，个人和企业对现代捐赠事业缺乏了解，很多人误认为教育捐赠属于单纯的救济行为，对捐赠的认识也停留在扶危济困上。目前对教育以及高等教育的捐赠者基本上是企业或企业家，虽然企业捐赠是我国捐赠的主体，但是企业捐赠尚处于起步阶段，众多的企业从未进行过捐赠。而且企业进行捐赠的目的也较为单一，即可以获得一定的税收减免。利用慈善活动来改善竞争环境可以使社会目标和经济目标统一起来，并能使企业的长远业务前景得到改善。❶ 一般家庭很少对教育尤其高等教育捐赠，个人自主捐赠比例不高，目前我国来自个人的捐赠占捐赠总额的比重不到20％，处于个人意愿主动进行的捐赠相对较少，结

---

❶ 迈克尔·波特，马克·克雷默. 企业慈善事业的竞争优势［J］. 哈佛商业评论，2003（2）：40.

果就是捐赠的资金非常少。美国的情况恰恰相反，美国教育投入大部分靠个人或企业捐赠。据报道美国政府资金在高等教育经费中的比例除 20 世纪 70 年代初超过 50% 以外，其他年份均在 50% 以下。

三、教育捐赠的形式单一

我国高等教育获得捐赠的形式基本上是设备或金钱的直接捐赠，捐赠形式相对单一，对于除现金、固定资产以外的其他社会捐赠形式由于没有比较明晰的税收优惠政策，所以基本不在捐赠者考虑范围内。在美国，社会向高校捐赠的具体形式多样，有现金、支票、银行汇票、有价证券、不动产、有形资产、无形资产、人寿保险、遗产等十几种形式。而我国社会各界对高等教育的捐赠，主要以现金为主，其他形式的捐赠很少，形式单一。

四、税收优惠制度简单，激励效果差

从个人所得税的角度讲，由于税制和税收管理的原因，同样也没有形成强有力的鼓励个人捐赠的税制性因素。虽然个人所得税实行的是累进税率，但目前在社会上特别是富裕阶层的公民社会意识还比较淡薄，捐赠数额比较少，与捐赠有关的税收在个人所得税中占的比重也比较小。同时，在个人所得税税法中，对捐赠的税收优惠政策比较少，比如个人向教育、社会公益事业、遭受严重自然灾害地区、贫困地区和青少年活动场所等捐赠的，可以在当年的应纳税所得额中得到扣除，但是允许扣除的比例也比较小，这些都不同程度地影响了对非营利组织的捐赠。个人所得税的激励效应相当不显著，加之我国尚未开征遗产税和赠与税，这是中国现行税收激励政策存在的缺失，不能够很好地激励纳税人将遗产向高校捐赠。再比如，政府对于农村义务教育捐赠的税收政策大多数是针对企业而言的，2001 年颁布的《关于纳税人向农村义务教育捐赠有关所得税政策的通知》就是体现。企业进行的实物性捐赠，一律视同销售，需要负担相应的增值税和消费税。这本来是反避税的一项措施，无可厚非，但是公益性的捐赠也不允许扣除，显然不利于企业或个人对公益性包括对高等教育的捐赠；另一方面，捐赠企业还要负担相应的城市维护建设税及教育费附加。对企业来讲，捐赠反而增加了它的税收压力，积极性自然就会受到打击。税收优惠在运作管理上还有许多不足，即如果直接向捐赠对象（受益人）进行捐赠，则不能享受任何税前扣除，而中间环节机构的低效率也严重影响了中国税收激励政策的效果。可见，我国高校捐赠的税收激励措施主要体现在企业所得税和个人所得税上，商品税方面没有相应的优惠措施，在一定程度上也影响了捐赠者的积极性。

第三节
我国教育捐赠的立法现状及存在问题

一、关于教育捐赠的立法沿革

教育捐赠的基本依据是《中华人民共和国公益事业捐赠法》第 24 条："公司和其他企业及个人依照该法规定捐赠财产用于公益事业，依照、行政法规的规定享受所得税方面的优惠。"这个原则性规定表明，企业和个人进行公益捐赠行为依法能享受所得税优惠，但是该条文没有明确规定税收优惠的具体条件和程序。若要该规定在实践中具有可操作性，还要依赖于其他法律法规的具体规定。这些具体关于教育捐赠的法律法规主要包括以下内容。

（一）企业向教育捐赠的税收激励制度

企业向教育捐赠的税收立法，根据税收优惠程度的不同，可以分为以下三个阶段：第一阶段是 2004 年以前。根据相关法律法规的规定，企业对教育捐赠所得税税收优惠额度，一般企业为年度应纳税所得额的 3%；保险企业为年度应纳税所得额的 1.5% 以内可以据实扣除。第二阶段是从 2004 年到 2007 年。根据《关于教育税收政策的通知》（财税［2004］39 号）第 1 条第（8）项规定，对纳税人通过境内非营利的社会团体、国家机关向教育事业的捐赠，准予在企业所得税前全额扣除。可见该规定对教育捐赠给予了极大的税收优惠，实行税前全额扣除政策。但有资格享受全额扣除待遇的社会团体，需要财政部或国家税务总局以通知的形式予以明确，企业向列举名单以外的社会团体捐赠不能税前全额扣除。在 2007 年，税务总局等部门又将"社会团体和国家机关"的界定，放宽为经国务院民政部门和省级人民政府批准成立的非营利公益性社会团体，以及县及县以上人民政府及其组成部门。第三阶段是 2008 年以后。2008 年 1 月 1 日生效的新《企业所得税法》第 9 条规定："企业发生的公益性捐赠支出，在年度利润总额 12% 以内的部分，准予在应纳税所得额时扣除。"因此，企业教育捐赠的税收优惠标准，在修订的《企业所得税法》生效后，原来《关于教育税收政策的通知》确立的全额免除的税收优惠标准就要废止了，这就意味对企业而言，进行教育捐赠的优惠减少了，那么，企业出于利益考量，也不会像以前那样对教育捐赠充满热情了。

（二）个人向教育捐赠的税收激励制度

目前，我国个人捐赠的相关税法规定主要有《个人所得税法》《个人所得税法实施条例》《公益事业捐赠法》及国家税务总局和财政部颁布的规章等。根据以上法律法规，个人捐赠要享受税收优惠政策，必须符合一定的条件。

首先，个人捐赠享受税收优惠的前提性规定必须根据我国《公益事业捐赠法》第 3 条规定，只有公益性社会团体和公益性非营利的事业单位可以接受个人捐赠，此时个人才能享受税收优惠，如果个人向受捐赠者直接捐赠或者是向其他机构进行捐赠均不得进行减免税收。公益事业是指非营利的下列事项：救助灾害、救济贫困、扶助残疾人等困难的社会群体和个人的活动；教育、科学、文化、卫生、体育事业；环境保护、社会公共设施建设；促进社会发展和进步的其他社会公共和福利事业。公益性社会团体是指依法成立的，以发展公益事业为宗旨的基金会、慈善组织等社会团体。

其次，《关于教育税收政策的通知》（财税［2004］39 号）规定，对财产所有人将财产赠给国家拨付事业经费和企业办的各类学校所立的书据，免征印花税。另外，《个人所得税法》第 6 条第 2 款规定，个人将其所得对教育事业和其他公益事业捐赠的部分，按照国务院有关规定从应纳税所得中扣除。《个人所得税法实施条例》第 24 条规定，个人所得税法第 6 条第 2 款所说的个人将其所得对教育事业和其他公益事业的捐赠，是指个人将其所得通过中国境内的社会团体、国家机关向教育和其他社会公益事业以及遭受自然灾害地区、贫困地区的捐赠。捐赠额未超过纳税义务人申报的应纳税所得额 30% 的部分，可以从其应纳税所得额中扣除。根据《关于公益救济性捐赠税前扣除政策及相关管理问题的通知》（财税［2007］6 号）规定，经民政部门批准成立的非营利的公益性社会团体和基金会，凡符合有关规定条件，并经财政税务部门确认后，纳税人通过其用于公益救济性的捐赠，可按现行税收法律法规及相关政策规定，准予在计算缴纳企业和个人所得税时在所得税税前扣除。对符合下列捐赠方式（即通过非营利性的社会团体和国家机关）的个人捐赠，可以在缴纳个人所得税前全额扣除，包括：向老年活动机构、教育事业的捐赠；向红十字事业的捐赠；向公益性青少年活动场所的捐赠；向中华健康快车基金会、孙冶方经济科学基金会、中华慈善总会、中国法律援助基金会、中华见义勇为基金会、宋庆龄基金会、中国福利会、中国残疾人福利基金会、中国扶贫基金会、中国煤矿尘肺病治疗基金会、中华环境保护基金会等用于公益性、救济性的捐赠。

最后，个人所得税税收优惠在税收申报程序上，根据 2005 年 8 月 3 日国家税务总局公布的《税收减免管理办法（试行）》的规定，应当在政策规定的减免税期限内，向主管税务机关提出书面申请，并报送减免税申请报告，列明减免税理由、依据、范围、期限、数量、金额等资料和税务机关要求提供的其他资料。申请减免税的材料不详或存在错误的，纳税人应当更正。其中资料就包括非营利组织出具的捐赠票据。同时《公益事业捐赠法》第 16 条规定，受赠人接受捐赠后，应当向捐赠人出具合法、有效的收据；财政部、国家税务总局有关规定，接受捐赠的非营利组织应按照财务隶属关系分别使用由中央或省级财政部门统一印（监）制的捐赠票据，并加盖接受捐赠或转赠的非营利组织的财务专用印章。

根据上述分析，要鼓励教育捐赠必须从各个方面进行激励，税收优惠是重要的手段。我国税法对组织和个人捐赠存在税收优惠政策不完善、可操作性不强、限制性规定过多以及退税手续烦琐等问题，没有形成有效的捐赠激励制度。因此，完善个捐赠税收法律制度具有重要意义。

二、教育捐赠税收制度的问题分析

针对教育捐赠税收制度与政策的实施在一定程度上鼓励了社会捐赠行为，但仍存在着不足，主要存在以下几个问题。

首先，我国关于教育捐赠税收优惠制度规定过于散乱，不成系统。国家及各部委关于教育捐赠的立法现状教育捐赠是一项涉及和融合多个部门法的法律行为，其不仅关系到我国教育资金的聚集和教育事业的可持续发展，也关系到我国公益捐赠事业的健康发展。纵观我国国家立法体系，目前还没有一部具有国家效力级别的专门规范教育捐赠的法律法规。尽管在《教育法》《中华人民共和国高等教育法》《中华人民共和国义务教育法》中，都明确提出了国家鼓励企事业组织、社会团体及其他社会组织和公民向教育进行捐赠，支持采取社会捐助集资等多种渠道筹措教育经费。但是对于教育捐赠的具体政策、捐赠人的权利义务及政府的监督机制都没有详细而专门的规定。目前对于教育捐赠的规范散见于下列不同部门的立法文件中：《中华人民共和国公益事业捐赠法》（以下简称《捐赠法》）主要规定了教育捐赠属于公益捐赠的一个种类；《中华人民共和国合同法》规定了教育捐赠行为从法律性质上来说属于赠与合同；《基金会管理办法》和

《社会团体登记管理条例》主要规定了教育捐赠涉及中介管理组织的规范；《财政部、国家税务总局关于纳税人向农村义务教育捐赠有关所得税政策的通知》则主要规定了教育捐赠涉及税收优惠政策等。总的来说，除了《捐赠法》外，其他法律、法规的针对性和专业性都不是特别强，而且有的立法层次过低，难以为教育捐赠提供强大的法律依据。

其次，激励社会捐赠的税收立法有待完善。《捐赠法》第四章规定，纳税主体必须通过我国境内的非营利的社会团体、国家机关进行捐赠。如果直接向捐赠对象进行捐赠，则不能享受任何税前扣除。许多学者在研究非营利组织的税收政策时分析了捐赠的税收政策，认为中国目前还没有形成激励企业和个人捐赠的税收制度。从企业所得税角度讲，中国税法规定捐赠在应纳税额一定比例的幅度以内的才能扣除，超过部分不能扣除，这种较低的幅度限制了企业的捐赠行为，企业还要对限额以外的捐赠支付相应的税收，打击了企业的捐赠积极性。另外企业所得税实行固定的比例税率，也难以提高企业捐赠的积极性。从个人所得税的角度讲，由于税制和税收管理的原因，同样也没有形成强有力的鼓励个人捐赠的税制性因素。

第三，我国捐赠的税收优惠政策针对的主要是所得税税种的减免，但并不是针对我国税制结构中最有影响力的税种——流转税进行优惠。我国高校捐赠的税收激励措施主要体现在企业所得税和个人所得税上，商品税方面没有相应的优惠措施，在一定程度上也影响了捐赠者的积极性。我国现行税收法律法规规定，企业进行的实物性捐赠，一律视同销售，需要负担相应的增值税和消费税。这本来是反避税的一项措施，无可厚非，但是连公益性的捐赠也不允许据实扣除，显然不利于企业或个人对公益性包括对高等教育的捐赠；另一方面，捐赠企业还要负担相应的城市维护建设税及教育费附加。对企业来讲，捐赠反而增加了税收压力，积极性自然就会受到打击。我国与其他国家的税收构成有很大不同，我国是以流转税为主体税的税制结构。国内的增值税、消费税和营业税累计占税收收入总额的55.1%，是税收收入的主体，企业所得税及个人所得税仅占税收收入总额的23.2%。近年来，所得税占税收收入的比重保持不断增长，2005年才提高到了24.6%。而发达国家的税制结构中，所得税是税收主要来源。据统计，个人所得税在高收入国家税收收入中的比重一般在40%以上，再加上企业所得税的份额，所得税在其税制结构中占有主要地位。可见，外国捐赠减免所得税是从最大宗税种中给予税收优惠，但中国捐赠减免所得税则只是从小宗税种中给予税收减免。因此，我国在捐赠税收优惠的制度设计上，应考虑我国的税收现实构成因素，应针对最有影响力的税种进行税收优惠。

第四，税收优惠制度难以发挥减税激励作用。表现为，捐赠的税收价格越高，捐赠支出越低，两者存在负相关。❶ 相关税收制度不健全，导致富裕阶层捐赠动力不大。目前国家尚未出台《慈善法》和《高等教育捐赠法》，未从法制上统一规范高等教育捐赠事业的性质、组织形式和具体的运作程序。❷ 我国尚未开征遗产与赠与税，使得遗产的继承没有任何成本，对富人阶层的慈善捐助没有任何激励作用。从美国开征遗产与赠与税的情况看，由于公益性捐赠额可以在税前扣除，对公益性捐赠确实起到了很好的刺激作用。实践表明，高额的遗产税和赠与税会对捐赠产生很大的影响。由于种种原因，我国缺乏这类税种对资产转移进行限制，从而推进捐赠的"倒逼"效应机制尚未建立起来。

第五，捐赠方享受税收优惠的公益机构范围有限。事实上，捐赠者更偏爱直接捐赠给学校或受赠个人，现行的规定出于税收收入安全等方面的考虑，不支持他们的捐赠偏好，因而不能最大限度地激励企业或个人捐赠。但依据税收优惠政策规定，只有向特许的公益机构捐赠才能得到税收优惠待遇，纳税人直接向受赠人的捐赠则不允许扣除。我国现在的有关慈善捐赠税收抵扣的规定的确比较死板和不够广泛，对企业的捐赠活动，由于客观上存在难以实际监控等问题，相关的抵扣政策都是很具体的，如对哪些单位捐赠可抵扣都专门发过通知，如果不在所列范围，也难获抵扣。捐款主要流向、渠道也比较多。其中通过光彩事业、希望工程、慈善总会等的捐款可以享受税收抵扣，而没有通过在民政部门注册的慈善机构的捐款，则没有税收抵扣的政策；如果自行捐物，那么在捐赠的时候还得向税

---

❶ 吴俊彦. 税收减免对公司慈善捐赠行为的影响［J］. 四川理工学院学报，2010（4）：59.

❷ 李彬彬. 中美高等教育社会捐赠问题比较研究，长春金融高等专科学校学报，2010（4）：90－91.

务机关缴纳 17% 的增值税。实践中，国家税务总局等不断地通过《通知》形式增加非营利性机构的数量。面对种类繁多的规定，有意捐赠的单位或个人较难弄清楚向哪个机构的捐赠允许税前扣除，究竟是全额扣除还是按一定比例扣除等问题。2007 年的《关于公益救济性捐赠税前扣除政策及相关管理问题的通知》存在的问题是对能够享受税收优惠的非营利性社会团体仍然有较高层次的限制，必须是国务院或省级政府民政部门登记的社会团体才能免税，在省级以下各级政府民政部门登记的社会团体则不能免税，仍然是一种扩大化的"特许机构捐赠抵扣制"，还是以前管理思维的延续。这种制度设计偏重于保障国家税收安全。但是有以下缺陷：一是有歧视部分公益社团之嫌；二是对大部分处于基层的公益团体进行捐赠得不到税收优惠政策的支持，而恰恰这些公益团体更多地面向我国最需要捐赠扶持的社会阶层和人群，这样对我国捐赠等慈善事业并无太多的促进作用。教育捐赠相关配套措施有待加强，在我国，尽管捐赠有税收优惠，但申请过程较为烦琐。当前应普及捐赠的税收优惠政策，制定便利捐赠人办理税收优惠政策的程序，使捐赠人知道如何办理税收优惠政策的手续及如何维护自身的合法权益，这样才能让国家的税收优惠政策落到实处。

最后，在税收减免程序上，国家制定的减免税手续也太过烦琐。我国捐赠相关优惠政策执行程序复杂，客观上削弱了促进捐赠的政策效果。这一点在个人所得税关于捐赠扣除的管理中尤为明显。据民政部救灾救济司官员介绍，如果通过中华慈善总会为慈善事业捐赠捐款 500 元，按照规定可以享受税收抵扣款 50 元整，但是要拿回这 50 元需要办理 10 道手续，历时两个月。

在分析了教育捐赠在整体上存在的立法问题之后，下面分别就企业和个人在教育捐赠中的税收优惠问题进行分析。

（一）企业教育捐赠所得税税收立法存在的问题

首先，立法前后不一，产生诸多混乱。《企业所得税法》第 2 章第 9 条规定，企业发生的公益性捐赠支出，在年度利润总额 12% 以内的部分，准予在计算应纳税所得额时扣除。《关于基础教育改革与发展的决定》（国发〔2001〕21号）规定，对纳税人通过非营利的社会团体和国家机关向农村义务教育的捐赠，在应纳税所得额中全额扣除。具体办法在《关于纳税人向农村义务教育捐赠有关所得税政策的通知》（财税〔2001〕103号）中有详细规定。根据《关于教育税收政策的通知》（财税〔2004〕39号）第1条第8项规定，对纳税人通过境内非营利的社会团体、国家机关向教育事业的捐赠，准予在企业所得税前全额扣除。依照《立法法》规定，《企业所得税法》属于法律级次，《关于基础教育改革与发展的决定》属于行政法规级次，因而，《企业所得税法》的效力是最高的，应依据"企业发生的公益性捐赠支出，在年度利润总额12%以内的部分"准予扣除，而不是"全额扣除"。

其次，捐赠形式主要限定为货币捐赠，实物捐赠和无形资产捐赠难以适用税收优惠政策。企业等社会力量捐赠生产设备等实物的，如要在所得税前扣除，就涉及价值换算的问题，但目前税法尚未明确计价方法和计价程序，操作起来非常困难，如实物捐赠需要通过专业机构来评估实际价值，由于没有相关规定很难操作，导致相关机构在认定上产生分歧。

最后，企业捐赠行为能减轻的税负有限。现行企业所得税法虽然将公益性捐赠扣除标准提升到年度利润总额的12%，但是对于更大规模的捐赠，则没有相应的税收激励措施，依然存在扣除不足的问题。较严的抵扣限制导致大量的捐赠得不到抵扣，而烦琐的抵扣程序加重了税收遵从成本，影响了纳税人的捐赠积极性，削弱了税式支出的政策效果。企业当年捐赠超过扣除标准部分不能向以后年度结转扣除的规定不合理，我国现行的税收政策规定，企业捐赠超过当年扣除限额标准的不允许向以后年度结转扣除。这一规定既不符合国际税收惯例，也不利于企业逐年消化一次性较多的捐赠。应该在一定程度上放松我国捐赠的抵扣限制，同时简化烦琐的税收抵扣程序，以方便捐赠人享受应得的税收优惠。

（二）个人教育捐赠存在的问题

首先，个人捐赠的税收优惠减免程序烦琐，办理复杂。大部分非营利机构所用的票证是财政部门发的事业单位的收据。这种收款收据的防伪也是比较差的，仿造起来非常容易。造成税务部门对这种收据的认可度差。

这给个人捐赠的税收减免造成一定的麻烦。当前应普及捐赠的税收优惠政策，制定便利捐赠人办理税收优惠政策的程序，使捐赠人知道如何办理税收优惠政策的手续及如何维护自身的合法权益，这样才能让国家的税收优惠政策落到实处。

其次，税收优惠比例较低。按照规定，纳税义务人申报的应纳税所得额30%的部分，可以从其应纳税所得额中扣除。只有个人向法律规定的特定的非营利组织捐赠才能在缴纳个人所得税前全额扣除。与其他国家相比，这个优惠比例较低。另外，个人所得税法虽然对于教育的捐赠允许全额扣除，但是只能在当年、当月、当次扣除，不能向以后结转，这样也会影响捐赠规模的大小。

最后，税收优惠立法空白较多。我国对个人捐赠的税收法律制度很少，一些领域存在立法空白。如捐赠实物享受税收减免优惠的问题，我国相关的税收法律制度尚没有这方面的规定，主要是物资的实际价值评估工作实施起来有一定的困难。再者我国也缺乏向外国非营利组织捐赠的税收优惠法律法规等。此外，我国对个人捐赠的税法激励配套保障制度也很少。如我国尚未开征赠与税、遗产税等，在一定程度上制约了个人捐赠的热情。

第四节

国外教育捐赠税收优惠的经验与评析

为有效地激励教育捐赠，使捐赠者捐赠利益不受损，从而提高教育捐赠的积极性，世界各国对捐赠制定了不同的税收优惠法律及政策。鉴于在教育捐赠这一领域，美国高校积累了丰富的经验，我们详细解析美国高校的捐赠管理制度对于我国高校教育捐赠的实践具有很大的启发意义。

美国教育捐赠事业的蓬勃发展，在很大程度上得益于美国完备的税收制度对教育捐赠事业的支持。在美国，教育捐赠是高等教育成本分担的主要渠道之一，美国高等教育的捐赠最早可以追溯到 1638 年，约翰哈佛在临终前将自己一半的遗产和全部图书捐赠给剑桥学院，它开启了私人捐赠的先河。❶ 美国大学有源远流长的接受社会各界捐赠的传统，除了收取学费以外，来自企业界、基金会、校友、社会团体、慈善机构的捐赠历来是美国高校办学经费的重要来源。在 2006 ~ 2007 年度，美国高校所获捐赠收入总额为 297.5 亿美元，其中校友捐赠占 27.8%，非校友个人捐赠占 19.0%，企业捐赠占 16.1%，基金会的捐赠占 28.6%，教会的捐赠占 1.3%，其他机构的捐赠占 7.2%。❷ 目前，美国高校对教育捐赠的宣传、筹集、管理、投资等方面已步入专业化、市场化的运作，并形成了日益完善的制度，先进的专业化管理及完善的募捐机制使美国高校在竞争激烈的募捐活动中获得充足的资金支持和源源不断的发展动力。在这些税收法律及政策中，最关键的是赋予了捐赠者一定的权利，从而大大激励民众和企业进行教育捐赠的热情。

一、捐赠者享受宽松的税收优惠政策

美国《慈善税法》的显著特点是，税收法规大力鼓励个人和组织向慈善组织捐赠财物。美国的联邦个人所得税规定，对教会、教育和其他非营利组织的捐赠，只要不超过纳税人调整后毛所得的 50% 就可以扣除。2002 年《财经法》（*Finance Bill* 2002）中第 96 条、第 97 条明确规定了对不动产捐赠和捐赠中的个人所得税的优惠，2003 年个人所得税法修正案（*Income Tax Amendment Bill*）中第 27 条对私人捐赠有明确的减免税规定。❸ 美国每年数千亿美元的捐款，70% 来自普通公民，这体现了个人捐赠行为

---

❶ 姜双萍. 中美高等教育捐赠的税制比较与完善 [J]. 西部财会，2004（6）：15 – 18.

❷ Wolvertonb：Private Donations To Colleges Rise For 4th Consecutive Year [N]. Chronicle Of Higher Education，2008 – 02 – 29.

❸ 何玉蓉. 我国高等教育捐赠制度研究文献综述 [J]. 中国电力教育，2011（10）：19.

与减税免税政策息息相关。美国法律还规定直接捐赠给非营利学校，捐赠者也可享受税收减免，而且在美国超过当年税收扣除限度之外的财产捐赠，可留转到今后 5 年内继续予以扣除，充分体现了对捐赠税收优惠的灵活性，让捐赠者真正感受到政府对他们的支持。对公益性社会团体和公益性非营利的事业单位认定较松，范围较宽。欧美等国家一般有三种认定非营利组织的模式：一是由税务部门认定；二是由相关的行政机关认定；三是由一个专门的准政府机构认定。其中，对已认定为非营利组织的，一般有税收优惠资格的后续审查。如有的国家规定，基金会需要接受税收各部门、公众、媒体的管理和监督，以决定它们是否有资格继续享受税收优惠待遇。这种后续审查有利于提高非营利组织的公信力。美英两国对有资格的非营利组织实行审核制，只要符合条件都可以使捐赠人获得税收优惠。

二、高额的遗产税和赠与税对资产转移进行限制

美国的经验表明，遗产税和赠与税对于调节收入、鼓励富有人群捐赠具有良好的导向作用。高遗产税的实施是国外捐赠习惯形成的最有力的推动武器，用遗产税和赠与税对资产转移进行限制从而推进捐赠"倒逼"效应。美国的高等教育捐赠与政府投入、学费共同形成"三足鼎立"之势，一个重要的因素就是完备的税法作为保障。美国的遗产税法采用统一的累进税制，遗产数额越大税率越高；遗产税征收范围包括房产、汽车、银行存款、收藏品和企业等有价值的财产，而给慈善机构捐款则不在课征遗产税的范围之内。美国税法规定，凡是向非营利机构捐赠基金、款项、设备和不动产等的机构和个人都可享受一定比例的所得税优惠，而与慈善目的无关的活动所获得的收入都必须缴纳联邦非商业所得税，这样就大大促进了非政府机构和个人资助高等教育的热情。根据联邦遗产税法的规定，捐赠给教育机构的遗产可以不受限制地免除遗产税。而将财产遗赠给子女，子女则要交纳高额遗产税。在美国，遗产税的税率为超额累进税率，遗产税的起征数是 67.5 万美元，最低税率 37%，最高为 55%，适用于超过 300

万美元应纳税遗产额的情况。❶ 因此，联邦遗产税法大大刺激了私人慈善捐赠事业的发展。在 2001 财政年度，高等院校获得的总的私人捐赠达 242 亿美元。2002 年，提供给小学、中学和大学的这种税收受益的价值达 56 亿美元。联邦政府对慈善捐赠的税收减免实际上是向高等院校提供了间接资助。激励个人捐赠的税收的另一个配套制度是简便的申报手续。美国就采用一种宽松的标准扣除代替分项扣除。而且在美国联邦税收实践中，纳税申报应当选择恰当的表格，联邦税务局为此设计了不同的表格，以回应不同的纳税人以及不同的税种。这大大简化了个人捐赠的税收优惠手续。世界首富比尔·盖茨在 2000 年创办的比尔与梅琳达·盖茨基金会是目前全球最大的慈善机构，其中有 290 亿美元资金来自盖茨夫妇的捐助，盖茨曾在向外界公开的遗嘱上称，他将把全部财产的 98% 留给这个基金会。英国《遗产税法》规定，对慈善捐赠免税，对国家公益事业捐赠免税，对以土地、建筑物、艺术品等财产为公共利益而作的捐赠免税。印度税法规定，任何个人和团体向免税组织捐赠，都可获得其捐赠额 50% 的减免税权；为了获得减免税资格，捐赠必须不少于 250 卢比，不超过 50 万卢比，或者不超过捐赠者总收入的 10%。

三、实物捐赠的税收优惠措施较全面

美国、加拿大在实物捐赠的税收优惠方面都有明确规定。美国税法对现金和财产的捐赠规定了不同的优惠待遇。美国税法规定：个人捐赠的款物可以在个人年度应纳税所得额中扣除，但最高不超过应纳税所得额的 50%。实物捐赠时，要评估捐赠物在捐赠时的公平市场价值，该价值是指在物品从心甘情愿的卖者转移到心甘情愿的买者手中的价格，两者对相关的事宜有合理的知识，并不是被迫的买和卖。同时，纳税人要想通过捐赠减少纳税，必须符合以下条件：如果捐赠价值超过 250 美元，受赠者都须出具一份描述捐赠物价值的证明；若捐赠物超过 5000 美元必须向国内收入

---

❶ 冯俊贤. 论我国高等教育捐赠的税制及完善 [J]. 高等教育，2009 (8)：108 – 109.

局提供关于物品价值的详细评估书，而且捐赠者、受赠者及出卖物品的第三方都不能充当评估人的角色，除非评估价低于售价。加拿大对文化财产的捐赠有两项特别税收优惠：一是可以要求相当于赠品公平市场价值金额的税收抵免；二是由"文化捐赠"产生的税收抵免可以全部用于抵免其所得税。如果授权机构在 5 年内将捐赠的文化财产出售（出售给另外一家授权机构除外），将需要缴纳相当于其公平市场价值 30% 的税额。这种税收设计既可最大限度地鼓励个人将有价值的艺术品和文化财产捐赠给本国文化机构，又可防止有人滥用有利可图的税收优惠，将国家财产变现。

四、捐赠免税程序简单便捷

美国捐款减免税手续办理简单，只需在年底的报税单上附上慈善机构的抵税发票，即可坐等税务局的退税支票。对于慈善机构而言，任何一家取得签发抵税发票权利的慈善机构，都必须受到税务局严格的监督：慈善机构需提供年度报表，包括年度收支明细账；同时，必须通过专门机构对慈善机构的财务和经营状况进行审计。美国税务局通过评估，对违规的慈善机构给予处罚或罚金，其中最严厉的处罚是取消一个组织的免税资格。从捐赠制度角度看，规范高效的管理制度对于促进高校捐赠具有非常重要的意义。美国高等教育捐赠非常系统化，从联邦到州到学校的管理制度，构成了一个巨大的捐赠管理制度网络，管理的规范大大促进了社会各界对高校的公益捐赠。我国对高校捐赠起步较晚，缺乏有效的监督管理，多数高校没有专门的组织和机构，捐赠人与受赠人之间缺乏沟通和协调，捐赠资金利用效率低，同时也缺乏一定的社会监督机制。

五、慈善机构健全完善

慈善事业发达的美欧国家，特点之一是拥有大量的慈善机构（2003年，美国非营利性的慈善组织共有 140 多万个，德国、英国、瑞士分别有

1万多个慈善基金会），它们是慈善事业的中坚力量。相比较而言，我国有公信力的慈善机构只有区区几家官办组织，而散落于民间的"草根共同体"则缺乏应有的号召力。❶

六、教育捐赠管理规范

美国能获得巨额捐赠的原因之一就是对受赠财产的使用情况，管理情况等有完善的监督体系。至于捐赠者捐赠的每笔款项用于何处都有详细的记载，并且定期向社会公布，所收善款用途必须符合捐赠人的意愿。在美国的各个州，绝大部分学校将筹措教育捐赠收入作为一项开拓性的工作，根据学校的规模建立相应的筹款机构或者由专职人员来执行使得学校的筹集活动有组织、有计划、有领导地开展，取得了极大的成绩。为了提高对教育捐赠的重视，许多大学都建立了由校长或者副校长负责的"学校发展部"作为学校专门的筹集资金的机构，以及聘请高级管理者进行筹划，筹集教育办学资金已成为公认的一种专业活动。❷美国能获得巨额捐赠的原因之一就是对受赠财产的使用情况，管理情况等有完善的监督体系。至于捐赠者捐赠的每笔款项用于何处都有详细的记载，并且定期向社会公布，所收善款用途必须符合捐赠人的意愿。而这正是我国目前慈善机构管理的很大漏洞。由于接受捐款的单位资金使用情况不透明，导致出现了信任危机。因此我国高校应设立专门负责管理教育捐赠的机构，如在校内设立"专项捐赠办公室"或"教育发展基金会"等，由校长专门负责对外的招募活动，对内有专门从事学校募捐管理的专家。另外其下还设有负责筹款活动的专职人员。同时必须强化教育基金管理，确保教育基金和捐款在操作上的透明化和规范化，监督学校对捐款的使用情况，严防贪污和挪用公款现象，从而提高群众对高校捐资的信心。

---

❶ 王开寿，唐祥来. 美国高等教育捐赠与我国的政策建议［J］. 比较教育研究，2006（6）.
❷ D. B. 约翰斯通. 高等教育财政. 问题与出路［M］. 沈红，李红桃，译. 北京：人民教育出版社，2003.

完善我国教育捐赠税收优惠制度的对策分析

有效的教育捐赠机制可以使个人、企业、社会团体共同分担高等教育成本，他们不仅带来了大量的高等教育发展所需要的经费和其他物质资源，更促进并形成了高校特有的文化传承，在教育成本分担中发挥着不可替代的作用。我国应逐步建立向教育事业捐赠倾斜的税收制度，利用税收这一有力的杠杆，对提供教育捐赠的公司和个人给予减税优惠，我们认为下列建议可以起到促进教育捐赠长足发展的作用。

一、扩大允许捐赠方享受税收优惠的受赠机构范围

借鉴国外的经验，我国也应加强教育捐赠方面的立法工作，制定出专门的《教育捐助法》。通过立法，明晰教育捐赠税收优惠的规定，明确教育捐赠行为主体（捐赠者、受赠者、受益者）的权利与义务，明确捐赠者的知情权与监督权，并使其享有捐赠撤销权和赔偿请求权，这将有利于在制度上保证捐赠行为的可持续性。[1] 继续扩大受赠机构的范围，直至向县级民政部门登记的公益团体进行捐赠的也能享受税收扣除；或者规定只要通过税务机关免税资格认定的公益团体接受捐赠均免征所得税，改变目前的"特许机构捐赠抵扣制"为"直接捐赠抵扣制"。扩大享受捐赠优惠政策的非营利组织范围，改"特许制"为"审核制"。财政部、国家税务总

---

[1]　曾小军. 民办高等教育社会捐赠不足的制度分析［J］. 国家教育行政学院学报，2011（2）：61－71.

局在 2007 年 10 月公布了《关于公益救济性捐赠税前扣除政策及相关管理问题的通知》第 2 条明确了申请捐赠税前扣除资格的非营利的公益性社会团体和基金会必备的条件。凡是符合条件的非营利组织，通过申请都应当可以使捐赠人享受税收优惠政策，从而进一步激励个人捐赠。另外，对未通过公益团体或国家机关而直接进行公益捐赠的个人和企业，如能够提交证据证明确实进行了公益捐赠的，立法应规定也可享受相应的税收优惠政策。完善税收规定，尽快制定税前扣除的配套规定，简化办理捐赠税前扣除的程序和手续。借鉴欧美国家的做法，对税收优惠资格的非营利组织实行后续审查。后续审查可由国家民政部门的审查监督和公众、媒体的监督相结合，一方面发挥群众的监督作用，另一方面激发群众的捐赠热情。同时，应遵循同等鼓励、依法支持的原则，改变"对人不对事"的做法，对向同类型、同性质的公益组织提供捐赠的个人，应该给予同等的税收待遇。进一步明确、扩大公益捐赠的认定范围，简化税前扣除的认可手续。《企业所得税法》并没有明确界定企业公益捐赠的认定范围，这需要其他相关法规或条例加以确认。2007 年 1 月，财政部、国家税务总局联合发布通知，将公益、救济捐赠的免税范围，由中国红十字会、中华健康快车基金会、中华慈善总会等少数公益组织扩大至所有经批准成立的非营利的公益性社会团体和基金会并将捐赠税前扣除资格的确认权限下放到省级财税部门，这进一步明确、扩大、规范了公益捐赠的认定范围，方便了企业捐赠行为。此外，需要借鉴国际上成功的经验和做法，尽可能简化企业申请税前扣除的认可手续，以减少企业的捐赠成本。税务部门要积极宣传和普及有关社会捐赠的税收政策规定，规范社会公益捐赠税前扣除的办理程序，加强对公益性社会团体的税收管理，进一步落实好有关税收政策。

此外，还要大力发展独立的非政府公益机构，推进慈善、教育等社会公益事业；要完善社会捐赠教育筹资机制，努力争取国内外各界的捐赠与赞助，对境外捐赠人无偿捐赠的直接用于各类职业学校、高中、初中、小学、幼儿园教育的教学仪器、图书、资料和一般学习用品，免征增值税和关税，以提高学校服务社会从而吸引社会各方捐赠的能力；要建立起社会捐赠教育资金的有效运营管理机制和监管机制，使捐赠款项真正落到实处。

二、明确非货币资产捐赠价值的计税基础，鼓励实物捐赠

2008 年 1 月 1 日生效的《企业所得税法实施条例》第 58 条、第 62 条和第 66 条分别规定了捐赠的固定资产、生产性生物资产及无形资产的方法，都是以这些资产的"公允价值和支付的相关税费为计税基础"。这些规定虽然为捐赠的非货币资产价值确定提供了明确的基础，但还没有明确公允价值的计价方法、计价程序，以及由哪些机构来评估捐赠的非货币资产的公允价值。这些仍存在的问题需要在相关法规中进一步完善和明确。制定实物抵扣的具体办法。我们认为我国可以逐步建立资产评估制度，规范公允价值的认定。另外，企业捐赠实物资产的应该免征增值税。因为目前我国企业捐赠实物资产还需要交增值税，要等到缴纳所得税时才有税前的抵扣优惠，这不利于鼓励企业物资捐赠。鉴于公益性的实物捐赠不会引起企业间的相互避税，因此，企业捐赠给公益组织的产品没有进入市场，而是直接转移到了需要产品的弱势消费群体，生产企业并未获得增值收入，因此建议捐赠物资按照其成本价、凭公益机构的捐赠收据计入企业成本而免征增值税。

三、个人与企业捐赠的税前扣除比例应适当提高

高额的减免税收优惠政策是激励慈善捐赠的主要手段。2003 年 4 月 30 日，国家税务总局发布紧急减税新政，允许企业和个人将捐献给防治非典事业的现金和实物在税前全额扣除。新政颁布后，社会捐赠出现爆发性增长，3 天捐资就达到了 1.66 亿元。❶ 提高个人进行公益性捐赠时准予从应纳税所得额中扣除的比例，建议由现行的 30% 上调为 50%；此外，也可参照对农村义务教育捐赠的规定，企业、个人对高等教育的捐赠，符合条件

---

❶ 曹贺．关于完善我国慈善捐赠人税收优惠制度［D］．北京：中央财经大学，2007．

的可全额税前扣除，提高纳税人进行高等教育捐赠的积极性。[1] 同时，采用多样化的税式支出政策：一是实行递延抵扣制度，由于货币的时间价值，递延抵扣有助于提高企业的捐赠积极性；二是实行税款制定制度，通过使每个纳税人获得对其一小部分税款的控制权，增强纳税人直接参与社会建设的责任感。从企业所得税和个人所得税法的规定看，我国现行的所得税法关于公益性捐赠扣除标准的规定过低，企业或个人直接对受赠人进行的捐赠不在税前扣除之列。事实上，捐赠者更偏爱直接捐赠给学校或受赠个人，现行的规定出于税收收入安全等方面的考虑，不支持他们的捐赠偏好，因而不能最大限度地激励企业或个人捐赠。

四、企业捐款应允许列入企业成本抵减增值税

我国与美国的税收构成有很大不同，美国税收收入中所得税占比最大，是最主要的税收来源；而我国的税收收入大约一半来自于商品课税。以 2008 年为例，我国税收收入总额为 54223 亿元，其中国内增值税、消费税和营业税三项商品税税额为 28192 亿元，占到税收收入的 52%。因此，我国的税收优惠没有从最大宗税种中给予优惠。鉴于我国主体税种是流转税，一些企业可能在不盈利或盈利较少的情况下也有捐赠行为，可以借鉴一些国家的做法，在流转税中给予税收优惠。如韩国税法规定，非个人的公司、组织或者机构对政府、国防建设和救灾的捐赠，在计算应税所得时可作为亏损予以减免；对非营利公益学校的捐赠，当其作为设备、教育或研究基金时，可计入费用予以减免，但减免额不超过纳税年度将转账损失扣除之后的总收入额。比利时相关法律规定，公司、企业等机构向具有公益法人资格的公益团体捐赠，可以作为非应税项目扣除，捐赠的扣除额既不能超过 2000 万比利时法郎，也不能超过应税所得的 5%。因此，我国应该借鉴这些做法，对于亏损企业或盈利较少的企业捐赠，可将企业捐赠资金作为企业费用计入成本，在企业缴纳增值税时作为进项税额在销项税额

---

[1] 郭月梅，陈远燕. 我国高等教育捐赠的税收激励机制设计［J］. 经济研究参考，2010（6）：15 - 16.

中予以抵扣，这样就可激励更多的企业参与慈善事业。企业和社会团体通过中国境内非营利的社会团体、国家机关向教育事业的捐赠，准予在企业所得税前全额扣除，这样有效地鼓励社会人士捐资助学，解决教育经费投入的不足，支持教育事业的发展。

五、允许递延抵扣

我国目前没有规定超过捐赠优惠的部分可以允许递延抵扣，不利于激励个人捐赠。美国税法规定的个人慈善捐赠税收优惠可向后结转，结转期限不超过 5 年。我国可借鉴其经验，规定对于一般性捐赠，扣除期基数应当限定在当月应税所得额，特殊情况下可以顺延 1~6 个月，以这几个月的应纳税所得额为税基计算扣除比例。对于巨额捐赠，达到或超过年应纳税所得额一定比例的则允许加成扣除，或延长扣除年限，但最长不超过 5 年。这样既不会给当年税收造成负担，又有利于公益性捐赠事业的发展。个人所得税也可以考虑适当提高公益性捐赠扣除标准，并且在扣除标准提高的前提下，也可以允许向后结转，从而对个人捐赠者以更大的政策支持。

六、逐步建立遗产税和赠与税制度

借鉴西方国家的经验，结合我国未来的税制改革进程，在条件成熟时开征财产税和遗产税，以地方立法形式规定其全额或一定比例的金额专项用于基础教育。完善税制体系，通过开征遗产税等具有"倒逼"效应的税种来推动公益捐赠事业的发展。一些国家的遗产税和赠与税数额非常高，很多国家的富人都愿意把自己的财产捐赠给非营利组织，用做公益事业。如美国开征高达 50% 的遗产税，在高税率的调控下，很多富人选择在世时多捐款。因为捐赠既可以为社会作贡献，还可以享受公司法人应缴税所得额扣除 10%、个人捐赠者扣除 50% 的优惠。我国可以借鉴国外的经验，逐步建立起符合我国国情的遗产税和赠与税制度，同时规定个人捐赠可从遗产税和赠与税的应税税额中扣除。

七、制定直接针对教育提供方的税收优惠

我国当前只有少数的直接以教育提供者为着力点的税收政策，例如《关于教育税收政策的通知》（财税〔2004〕39号）规定，对境外捐赠人无偿捐赠的直接用于各类学校的教学仪器、图书、资料接受和捐赠方一般学习用品，免征进口关税和进口环节增值税。国家机关、事业单位、社会团体、军事单位承受土地房屋权属用于教学、科研的，免征契税。今后，要更加注重此方面的税收政策的制定，减少中间环节，为教育经费的有效利用提供保障。

八、建立个人捐赠税收优惠权利保障制度

纳税人有合理纳税的权利，是指纳税人只能对法律所要求的正确数额的税款负责。纳税人有权根据自身情况，获得应享有的税收减免和扣除，合法减少其应纳税额。现行个人所得税法有10个税目分别以次、月、年为纳税期，纳税人某日发生的捐赠能够在哪一个纳税期抵扣、对巨额捐赠能否跨期抵扣、对于同一纳税人有多个纳税地点情况下的捐赠扣除等问题都没有明确规定，导致对捐赠的所得扣除在操作上不规范，不利于保护纳税人的合法权益。因此，必须将个人捐赠的税前扣除规定具体化，如捐赠扣除应当在捐赠发生的纳税期进行，以次、月为纳税期的应当在捐赠发生的年度内以当年应纳税所得额为基数计算可扣除额，年终进行汇算清缴。在税前扣除存在最高比例限制的情况下，对一次捐赠数额达到或超过年应纳税所得额一定比例的可考虑加成扣除或在以后年度中递延扣除，这样不仅可以保证当年的国家税收收入，而且更有利于个人捐赠。总之，只有保护了捐赠者的权利，才能激励捐赠的积极性。

九、简化税收优惠程序

针对我国公益性捐赠税前扣除手续非常复杂的情况，应该简化税前认定手续，本着方便纳税人的原则，以此来促使公益性捐赠事业的发展。依照 2005 年 8 月 3 日国家税务总局国税发〔2005〕129 号发布的《收减免管理办法（试行)》，纳税人申请报批类减免税的，应当在政策规定的减免税期限内，向主管税务机关提出书面申请，并报送相关资料。根据《财政部、国家税务总局关于公益救济性捐赠税前扣除政策及相关管理问题的通知》的规定，纳税人在进行公益救济性捐赠税前扣除申报时，须附送以下资料：接受捐赠或办理转赠的非营利的公益性社会团体、基金会的捐赠税前扣除资格证明材料；由具有捐赠税前扣除资格的非营利的公益性社会团体、基金会和县及县以上人民政府及其组成部门出具的公益救济性捐赠票据；主管税务机关要求提供的其他资料。这其中的手续相当烦琐。借鉴国外经验，我国应加强税务部门、民政部门和非营利组织的沟通协调，为捐赠人提供方便，减少申报的材料。在现有信息技术条件下，实现税务部门和非营利组织的信息共享，一方面能在一定程度上减少个人捐赠的借捐赠避税、逃税行为；另一方面，能减少捐赠人申请的税收优惠的烦琐，最大限度地激励个人捐赠。我国目前可以开出捐赠发票的非营利组织比较少，而且发票的形式不统一，导致企业和个人在申请减免税程序时非常复杂。建议统一公益性捐赠发票，给予更多符合要求的非营利组织开出捐赠发票的资格，这样既可以简化企业和个人申请公益性捐赠抵扣的手续，也便于税务机关核实企业和个人的实际捐赠数额，避免有人虚报捐赠数额，以达到偷逃税款的目的。

十、强化对高等教育捐赠的监管

约翰斯通曾指出，大学要筹集到捐赠需要做好四件事情：一是要有经过多年精心培养的富有的捐赠者，他们打算捐赠给高等教育；二是要有慈善文化，包括普遍认同有义务为母校捐资的观念。三是要很好地记录下来捐赠者的姓名和地址；四是对捐赠者要有税收优惠待遇。所以，大学在这一过程中扮演了重要的角色。为了保障捐赠者在捐助后，其捐赠目的能够如期实现，高等教育捐赠收入的支出情况必须接受法律和社会机构的监督，通过对捐赠经费支出进行必要的审计和评价，形成资金筹集、运作、增值、使用的良性循环。捐赠收入的监督主要由政府部门、第三方评估机构和新闻媒体共同来完成。如在校内设立"专项捐赠办公室"或"教育发展基金会"等，由校长专门负责对外的招募活动，对内有专门从事学校募捐管理的专家。另外其下还设有负责筹款活动的专职人员。同时必须强化教育基金管理，确保教育基金和捐款在操作上的透明化和规范化，监督学校对捐款的使用情况，严防贪污和挪用公款现象，从而提高群众对高校捐资的信心。

参考文献

［1］《中华人民共和国教育法》。

［2］《中华人民共和国义务教育法》。

［3］《中华人民共和国民办教育促进法》。

［4］《中华人民共和国高等教育法》。

［5］《中华人民共和国职业教育法》。

［6］《国家中长期教育改革和发展规划纲要（2010—2020 年)》。

［7］刘剑文，熊伟．财政税收法［M］．北京：法律出版社，2009.

［8］桂丽，陈新．民办高等教育财税扶持政策研究［J］．商业时代，2008（1）：55－56.

［9］范丽萍．完善我国高等教育税收优惠政策的思考［J］．财政监督，2009（12）：67－68.

［10］http：//shewai. tax861. gov. cn/ssxwz/ssxwz_ display. asp? more_ id＝245078，题名：福建平潭县私立岚华中学被征企业所得税私立学校状告国税局.

［11］陈新．我国民办高等教育发展的财政与税收政策研究［J］．当代经济，2007（11）：56－59.

［12］张旺．美国联邦政府高等教育税收优惠政策及借鉴［J］．涉外税务，2005（9）：36－39.

［13］王开寿，唐祥来．美国高等教育捐赠与我国的政策建议［J］．比较教育研究，2006（6）：31－35.

［14］姜双萍．中美高等教育捐赠的税制比较与完善［J］．西部财会，2004（6）.

［15］郭月梅，陈远燕．我国高等教育捐赠的税收激励机制设计［J］．经济研究参考，2010（6）：15－16.

［16］D. B. 约翰斯通．高等教育财政：问题与出路［M］．沈红，李红桃，译．北京：人民教育出版社，2003.

［17］冯俊贤．论我国高等教育捐赠的税制及完善［J］．高等教育，2009（8）：108－109.

[18] 石钧. 当前中国高等教育投入机制的分析与思考 [J]. 高教研究, 2008 (1).

[19] 纪宝成. 中国高等教育结构的战略性转变 [J]. 三江学院学报, 2006 (6): 1 - 7.

[20] 保罗·A. 萨缪尔森 (Paul A. Samuelson), 威廉·D. 诺德豪斯 (William D. Nordhaus). 经济学 [M]. 18 版. 萧琛, 译. 北京: 人民邮电出版社, 2008.

[21] 张铁明. 教育产业论: 教育与经济增长关系的新视角 [M]. 2 版. 广州: 广东高等教育出版社, 2002.

[22] 王源涛. 浅析对高等教育产业化的认识 [J]. 中国证券期货, 2011 (5): 170 - 171.

[23] 王秀成, 王连森. 教育产业化的学术论争: 分歧与共识 [J]. 山东师范大学学报, 2008 (2).

[24] 李祥云, 马妮娜. 完善我国高等教育税收优惠政策的探讨 [J]. 税务研究, 2009 (11).

[25] 魏娜. 高等教育税收优惠政策探讨 [J]. 教育理论与实践, 2010 (8).

[26] 赵善庆. 我国高校社会捐赠问题与对策 [J]. 学术界, 2009 (6).

[27] 李祥云, 马妮娜. 完善我国高等教育税收优惠政策的探讨 [J]. 税务研究, 2009 (11).

[28] 李彬彬. 中美高等教育社会捐赠问题比较研究 [J]. 长春金融高等专科学校学报, 2010 (4).

[29] Wolvertonb. Private Donations To Colleges Rise For 4 Consecutive Year [N]. Chronicle Of Higher Education, 2008 - 02 - 29.

[30] 刘振江. 美国高校社会捐赠的成因分析及启示 [J]. 当代教育论坛, 2011 (1).

[31] 曾小军. 民办高等教育社会捐赠不足的制度分析 [J]. 国家教育行政学院学报, 2011 (2).

[32] 陆亚如. 改革和规范现行教育税收优惠政策的几点思考 [J]. 辽宁教育行政学院学报, 2003 (12).

[33] 李煜均. 高等教育税收政策研究 [J]. 现代商业, 2007 (6).

[34] 李文利. 中国高等教育经费来源多元化分析 [J]. 北大教育经济研究, 2004 (9).

[35] 杨雄. 民办学校税收问题及探讨 [J]. 中国集体经济, 2007 (9).

[36] 张丽颖. 教育税收优惠政策分析 [J]. 教育财会研究, 2006 (4).

[37] 伯顿·克拉克. 高等教育新论——多学科的研究 [M]. 杭州: 浙江教育出版社, 2000.

［38］国家教育发展研究中心．2001 年中国教育绿皮书［M］．北京：教育科学出版社，2001．

［39］汪睿．试论民办高等教育公益与营利的对立统一［J］．高教论坛，2003（6）．

［40］杨京钟．台湾促进教育发展的税收政策及其启示［J］．宿州学院学报，2011（7）．

［41］戴罗仙，刘运佳．高等教育税收政策国际比较及其启示［J］．长沙理工大学学报，2011（1）．

［42］仁强．完善我国教育投入税收政策的建议［J］．税务研究，2010（6）．

［43］郑雁鸣．民办教育发展定位的"三个重要原则"——谈《国家中长期教育改革和发展规划纲要》［J］．民办高等教育研究，2010（9）．

［44］郝琳琳．我国个人所得税法若干问题研究［J］．北京工商大学学报，2005（7）．

［45］戴毅．完善我国教育投资的财政政策［J］．经济研究参考，2010（12）．

［46］胡乐乐．澳大利亚巨资财政推进教育革命［J］．上海教育，2008（7）．

［47］王素霞．美国教育经费的来源［J］．外国中小学教育，2008（7）．

［48］魏建国．努力扩大教育投资资源［J］．中国高等教育，2009（12）．

［49］郝琳琳．促进企业自主创新的税收法律制度研究［J］．特区经济，2009（2）．

［50］胡勇辉．激励自主创新人才培育的税收政策选择［J］．财政研究，2007（11）．

［51］张文春．税收政策在促进高新技术产业发展中的作用及其机理分析［J］．中国人民大学学报，2006（1）．

［52］郝琳琳．完善我国科技税收法律制度的几点思考［J］．中国科技产业，2004（7）．

［53］胡友群．浅析我国教育储蓄发展的困难及出路［J］．商业经济，2008（5）．

［54］金贵平．教育储蓄政策及实施中存在的问题及对策［J］．山西财经大学学报，2008（4）．

［55］德宪．加拿大的儿童教育储蓄计划［J］．中国教育资讯，2002（8）．

［56］叶僖僖．加拿大注册教育储蓄计划的实施［J］．教育评论，2009（2）．

［57］徐清祥．教育储蓄税收优惠政策及管理中的问题与对策［J］．安阳师范学院学报，2005．

［58］何玉蓉．我国高等教育捐赠制度研究文献综述［J］．中国电力教育，2011（10）．

［59］朱清，乔栋．国外促进教育发展的税收政策及启示［J］．经济纵横，2005（3）．

［60］贾东荣．实施优惠政策，加快山东民办教育发展［J］．英才高职论坛，2006（1）．

［61］李晓君．完善我国高等教育捐赠的税收激励［J］．吉林工商学院学报，2010（7）．

[62] 顾琏. 教育储蓄成为银行存款业务新靓点 [J]. 中国房地产金融，2002 (5).

[63] 吴俊彦. 税收减免对公司慈善捐赠行为的影响 [J]. 四川理工学院学报，2010 (4).

[64] 刘俊海. 公司的社会责任 [M]. 北京：法律出版社，1999.

[65] 迈克尔·波特，马克·克雷默. 企业慈善事业的竞争优势 [J]. 哈佛商业评论，2003 (2).

[66] 曹贺. 关于完善我国慈善捐赠人税收优惠制度 [D]. 北京：中央财经大学，2007.

[67] 安体富. 完善公共财政制度逐步实现公共服务均等化 [J]. 东北师范大学学报，2007 (3).

[68] 叶俊. 中日私立高校税收政策比较研究 [J]. 会计之友，2011 (1).

[69] 孙家贵. 民办教育发展面临的困难与对策 [J]. 教育文化论坛，2011 (2).

[70] 李双成. 费改税 [M]. 北京：中国审计出版社，2000.

[71] 辛溪，张晨. 家庭教育支出负担沉重 [N]. 人民日报，2011-10-29.

[72] 彭昌喜. 对高校征收企业所得税问题的探讨 [J]. 财会月刊，2006 (1).

[73] 李慧，林永春. 企业参与职业教育的激励政策探析 [J]. 职业技术教育，2011 (6).

[74] 亨利·埃兹克维茨，高校与全球知识经济 [M]. 夏道源，译. 南昌：江西教育出版社，1999.

[75] 邵金荣. 非营利组织与免税 [M]. 北京：社科文献出版社，2003.

[76] 刘建发. 韩国教育财政投入的法制保障经验及其启示 [J]. 经济理论研究，2005 (11).

[77] 方桐清. 校企合作中企业动力研究 [J]. 中国高教研究，2009 (10).

[78] 曾宪明. 论企业参与职业教育激励机制缺失的原因与对策 [J]. 职业技术教育，2008 (22).

[79] 谢崇科. 关于教育费附加的税收特征思考 [J]. 财税金融，2007 (9).

[80] 董汝萍. 浅谈民办学校税收优惠政策 [J]. 科技创新导报，2008 (33).

[81] 黄明光. 从西方税收理论看我国开征教育税的必要性 [J]. 宜宾学院学报，2005 (2).

[82] Gene Chenoweth. Taxon Education [J]. Music Educators Journal, 1947 (33): 62.

[83] 吕炜. 高等教育财政. 国际经验与中国道路选择 [M]. 大连：东北财经大学出版社，2004.

[84] 廖楚晖，魏贵和. 建立和完善我国教育税收机制的思考 [J]. 税务研究，2011

（2）.

［85］杨龙军. 我国民办教育税收问题［J］. 教育与经济, 2005（2）.

［86］郑慧芳, 罗莉. 关于民办教育税收差别待遇的思考［J］. 云南财经大学学报, 2007（4）.

［87］贾西津. 对民办教育营利性与非营利性的思考［J］. 教育研究, 2003（3）.

［88］韦明伺. 试探教育彩票的发行［J］. 集美大学学报, 2005（3）: 50 – 52.

［89］陈远燕. 国高等教育捐赠的税收激励机制探讨［J］. 税务研究, 2009（10）: 92 – 96.

［90］赖章盛, 李会勤. 对我国农村教育公平问题的思考［J］. 长沙民政职业技术学院学报,（17）.

［91］孙桂荣. 加强教育储蓄存款免征利息所得税管理促进高等教育发展［J］. 教育财会研究, 2007（5）.

［92］God frey John. Education Tax Break Vote Canceled［J］. CQ Weekly, 2002（60）.

［93］甘国华. 高等教育成本分担研究——基于准公共产品理论分析框架［M］. 上海: 上海财经大学出版社, 2007.

［94］黄华珍. 校办企业涉及的税种及可享受的税收优惠的政策分析［J］. 恩施职业技术学院, 2003（2）.

［95］岳鹏. 加强高校企业治理积极推动产学研结合［J］. 黑龙江教育学院学报, 2011（10）.

［96］教育部科技发展中心. 2008 年度中国高等学校校办产业统计报告［M］. 广州: 华南理工大学出版社, 2009.

［97］李敏. 个人所得税制度改革国际比较与启示［J］. 河南机电高等专科学校学报, 2011（7）.

［98］付伯颖, 苑新丽. 外国税制［M］. 大连: 东北财经大学出版社, 2007.